CHRISTIAN PFEFFER-HOFFMANN, CHRISTIANE FRITSCHE (HRSG.)

Muslimfeindlichkeit in Europa
Umgang mit einem Alltagsphänomen

Christian Pfeffer-Hoffmann, Christiane Fritsche (Hrsg.)

Muslimfeindlichkeit in Europa
Umgang mit einem Alltagsphänomen

Impressum

ISBN 978-3-86387-952-5

© 2019 Mensch und Buch Verlag

Das Werk einschließlich aller seiner Teile ist urheberrechtlich geschützt. Jede Verwertung außerhalb der engen Grenzen des Urheberrechtsgesetzes ist ohne Zustimmung der Herausgeber unzulässig und strafbar. Das gilt insbesondere für Vervielfältigungen, Übersetzungen, Mikroverfilmungen und die Einspeicherung und Verarbeitung in elektronischen Systemen.

Träger des Projektverbundes „WIR HIER! Kein Platz für Muslimfeindlichkeit in Europa – Migrantenorganisationen im Dialog", in dessen Rahmen diese Publikation entstand, sind:

    www.la-red.eu

   www.minor-kontor.de

Der Inhalt dieses Werkes wurde durch das Teilprojekt von **Minor – Projektkontor für Bildung und Forschung** verantwortet. Die Koordination des Projektverbundes liegt bei **La Red – Vernetzung und Integration.**

Umschlaggestaltung: Markel Anasagasti Intxausti

Die Veröffentlichung stellt keine Meinungsäußerung des Bundesministeriums für Familie, Senioren, Frauen und Jugend (BMFSFJ) bzw. des Bundesamtes für Familie und zivilgesellschaftliche Aufgaben (BAFzA) sowie der Bundeszentrale für politische Bildung/bpb dar. Für inhaltliche Aussagen tragen die Autorinnen und Autoren die Verantwortung.

Gefördert vom   im Rahmen des Bundesprogramms

   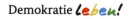

Inhaltsverzeichnis

VORBEMERKUNG
DR. JANINE ZIEGLER 7

GRUSSWORT
DR. HEIKO GEUE 9

MUSLIMFEINDLICHKEIT. EINFÜHRUNG IN EIN VIELFÄLTIGES PHÄNOMEN
DR. CHRISTIAN PFEFFER-HOFFMANN, DR. JANINE ZIEGLER 11

MUSLIMFEINDLICHKEIT IN EUROPA. VERSUCH EINER STANDORTBESTIMMUNG
DR. YASEMIN SHOOMAN 15

1. HERAUSFORDERUNGEN 15
    1.1. ANERKENNUNG DES PHÄNOMENS 15
    1.2. UMWEGKOMMUNIKATION „ISLAMKRITIK" 18
    1.3. KULTUR DES VERDACHTS 20
    1.4. AUSWIRKUNG AUF DIE BETROFFENEN 22

2. REAKTIONSMUSTER DER BETROFFENEN 25
    2.1. ANNAHME ODER VERINNERLICHUNG DES STIGMAS 25
    2.2. GEGENSTIGMATISIERUNG 26
    2.3. SILENCING 26

ANTIMUSLIMISCHER RASSISMUS IN EUROPA. ENTSTEHUNGSGESCHICHTE UND ERSCHEINUNGSFORMEN EINES ALLTAGSPHÄNOMENS
DR. ALEKSANDRA LEWICKI 29

1. ENTSTEHUNGSGESCHICHTE 29
2. ANTIMUSLIMISCHER RASSISMUS IN DEUTSCHLAND, GROSSBRITANNIEN UND POLEN 34
    2.1. EINSTELLUNGSDIMENSIONEN 35
    2.2. SYSTEMATISCHE BENACHTEILIGUNGSERFAHRUNGEN 40
    2.3. HASSKRIMINALITÄT 42
3. FAZIT 44

ERKENNTNISSE AUS DER PRAXIS. EUROPÄISCHE EXPERTINNEN BERICHTEN ÜBER DEN UMGANG MIT MUSLIMFEINDLICHKEIT IM RAHMEN IHRER ARBEIT FÜR STAATLICHE ODER ZIVILGESELLSCHAFTLICHE INITIATIVEN
DR. CHRISTIANE FRITSCHE **49**

1. SCHWERPUNKTE IM KAMPF GEGEN MUSLIMFEINDLICHKEIT **50**

    1.1.   DAS EUROPEAN NETWORK AGAINST RACISM 50

    1.2.   DAS INTERFÖDERALE ZENTRUM FÜR CHANCENGLEICHHEIT UNIA 54

    1.3.   DAS COLLECTIF CONTRE L'ISLAMOPHOBIE EN FRANCE 57

    1.4.   STOP ALS FENÒMENS ISLAMOFÒBS 59

    1.5.   CLAIM – ALLIANZ GEGEN ISLAM- UND MUSLIMFEINDLICHKEIT 60

    1.6.   WIR HIER! KEIN PLATZ FÜR MUSLIMFEINDLICHKEIT IN EUROPA – MIGRANTENORGANISATIONEN IM DIALOG 62

2. „SCHWIERIGKEITEN IN JEDEM LEBENSBEREICH". MUSLIMFEINDLICHKEIT IN VERSCHIEDENEN EUROPÄISCHEN LÄNDERN **65**

    2.1.   FRANKREICH 65

    2.2.   BELGIEN 68

    2.3.   SPANIEN 74

3. HERAUSFORDERUNGEN UND FORTSCHRITTE **77**

    3.1.   FEHLENDE DATEN UND DIE KULTUR DES VERDACHTS. LÄNDERÜBERGREIFENDE PROBLEMFELDER 77

    3.2.   „ES MUSS ALLIANZEN GEBEN." ZUSAMMENARBEIT ZWISCHEN STAATLICHEN UND ZIVILGESELLSCHAFTLICHEN AKTEUREN 83

    3.3.   „WENN WIR IHRE HERZEN ÖFFNEN". ERSTE ERFOLGE 86

ABBILDUNGSVERZEICHNIS **89**

VERZEICHNIS DER GRAFIKEN **90**

MITWIRKENDE **91**

Vorbemerkung

DR. JANINE ZIEGLER

Das vorliegende Buch gibt einen Überblick über Muslimfeindlichkeit in Europa und vermittelt insbesondere einen Einblick in die Alltagsarbeit unterschiedlicher Initiativen im Umgang damit. Die Veröffentlichung systematisiert die wichtigsten Thesen und Impulse aus den Rede-, Diskussions- und Interviewbeiträgen der Referentinnen des internationalen Colloquiums „Muslimfeindlichkeit in Europa – Umgang mit einem Alltagsphänomen". Es fand am 29. und 30. November 2018 im Bundesministerium für Familie, Senioren, Frauen und Jugend (BMFSFJ) statt und wurde im Rahmen des „Demokratie leben!"- Projekts „WIR HIER! Kein Platz für Muslimfeindlichkeit in Europa – Migrantenorganisationen im Dialog" vom Projektpartner Minor – Projektkontor für Bildung und Forschung konzipiert und organisiert.

Abbildung 1: Die Referentinnen (von links): Dr. Ariadna Solé Arraràs, Dr. Aleksandra Lewicki, Julie Pascoët, Isis Koral, Đermana Šeta, Imane El Morabet, Rena Zetzsche, Dr. Janine Ziegler, Tanja Berg (Moderation) und Nina Mühe

Grußwort

DR. HEIKO GEUE

Muslimfeindlichkeit ist in Europa leider ein Alltagsphänomen. Auch in Deutschland nimmt Islam- und Muslimfeindlichkeit zu, wie zahlreiche Studien und Umfragen belegen. Laut einer Studie der Bertelsmann Stiftung von 2015 hielten 57 % der nicht-muslimischen Befragten den Islam für bedrohlich oder sehr bedrohlich. Bei einer Umfrage der Universität Leipzig stimmten ein Jahr später 41 % der Befragten der Aussage zu, Muslime sollten davon abgehalten werden, nach Deutschland einzuwandern. Jeder zweite Befragte stimmte der Aussage zu, sich wegen der vielen Musliminnen und Muslime wie ein Fremder im eigenen Land zu fühlen.

Für Menschen mit muslimischem Glauben, aber auch für Menschen, die aufgrund ihres Namens oder ihrer äußeren Erscheinung für Musliminnen und Muslime gehalten werden, hat Muslimfeindlichkeit reale Konsequenzen: auf dem Arbeitsmarkt, bei der Suche nach einer Wohnung, beim alltäglichen Einkaufen oder im Bus. Es gibt in Deutschland noch keine gleichwertigen Lebensverhältnisse. Davon sind sowohl Musliminnen und Muslime als auch Menschen mit migrantischem Hintergrund betroffen, also etwa jeder vierte, der hier lebt. Im Sommer 2018 hat die Bundesregierung die Kommission „Gleichwertige Lebensverhältnisse" eingesetzt. Hier ist wichtig, dass nicht nur nach Lösungen für den demografischen Wandel und den Gegensatz zwischen Stadt und Land gesucht wird, sondern auch für gleiche und faire Chancen für alle, ob mit oder ohne Migrationshintergrund.

Für das Bundesfamilienministerium, das auch für Demokratieförderung und Radikalisierungsprävention zuständig ist, hat das Thema Islam- und Muslimfeindlichkeit einen hohen Stellenwert. Schon der Vorläufer des Bundesprogramms „Demokratie leben!" nahm sich des Themas an, allerdings v. a. im Kontext der Islamismusprävention. In der Präventionsarbeit wurden die Diskriminierungserfahrungen von Jugendlichen berücksichtigt, weil diese u. a. ein Grund dafür sein können, dass sie sich radikalisieren. 2015 griff „Demokratie leben!" die Muslimfeindlichkeit erstmals als eigenständiges Themenfeld auf: Das zentrale Pro-

Dr. Heiko Geue

Abbildung 2: Dr. Heiko Geue

gramm der Bundesregierung für Demokratieförderung und Extremismusprävention fördert mittlerweile 13 Modellprojekte zivilgesellschaftlicher Organisationen, die sich mit unterschiedlichen Perspektiven, Methoden und Ansätzen mit Muslimfeindlichkeit auseinandersetzen. Sie stoßen Schulprojekte an, entwickeln Lernmaterialien für Schülerinnen und Schüler, beraten Lehrkräfte und unterstützen Betroffene. Seit 2017 wird zudem mit CLAIM – Allianz gegen Islam- und Muslimfeindlichkeit ein zivilgesellschaftlicher Träger in seiner Strukturentwicklung zum bundeszentralen Träger gefördert. Dieser will zivilgesellschaftliche Träger vernetzen und die Öffentlichkeit stärker für Muslimfeindlichkeit sensibilisieren. Derzeit wird „Demokratie leben!" neu aufgestellt und wird in Zukunft die drei Schwerpunkte Demokratieförderung, Vielfalt gestalten und Extremismusprävention haben. Der zweite Schwerpunkt – Vielfalt gestalten – wurde bewusst gewählt, da sich immer wieder gesellschaftliche Konflikte am Zusammenleben in unserer vielfältigen Gesellschaft entzünden und wir für das friedliche Zusammenleben schwerpunktmäßig Politik machen wollen. Das Bundesfamilienministerium ist sich bewusst: Hier gibt es noch einiges zu tun.

Angesichts der zunehmenden Muslimfeindlichkeit ist eine Veranstaltung wie die Tagung zu Muslimfeindlichkeit in Europa am 29. und 30. November 2018 umso wichtiger. Wir freuen uns, dass sich Expertinnen und Experten aus Europa im Ministerium zu diesem Thema austauschen, sich vernetzen und neue Ideen sammeln können. Wir hoffen, dass wir damit einen kleinen Schritt weitergekommen sind. Denn unsere Leitlinie ist: Alle Menschen sollen fair behandelt werden und die gleichen Chancen haben, egal, welcher Religion sie angehören oder woher sie kommen.

Muslimfeindlichkeit. Einführung in ein vielfältiges Phänomen

DR. CHRISTIAN PFEFFER-HOFFMANN, DR. JANINE ZIEGLER

Die europäischen Staaten sind Einwanderungsgesellschaften. Etwa ein Viertel der in Deutschland lebenden Menschen hat Migrationserfahrungen; jedes Jahr kommen Hunderttausende neu hinzu. Vor diesem Hintergrund ist Muslimfeindlichkeit nicht nur ein Thema für die Mehrheitsgesellschaft, sondern ein Phänomen der Vielfalt. Denn Vielfalt in der Gesellschaft bedeutet nicht nur vielfältige Beziehungen und Erfahrungen, sondern auch vielfältige Ressentiments und gruppenbezogene Menschenfeindlichkeiten. Das heißt: Es gibt nicht *die* Muslimfeindlichkeit, sondern vielfältige Muslimfeindlichkeiten. Musliminnen und Muslime werden nicht nur von der Mehrheitsgesellschaft diskriminiert, sondern von unterschiedlichen Gruppen, die verschieden geprägt sind. Gerade in Großstädten erfahren Musliminnen und Muslime Diskriminierung zum Teil sogar zuerst von Menschen mit Migrationshintergrund.

Abbildung 3: Dr. Christian Pfeffer-Hoffmann

Das Bundesprogramm „Demokratie leben!" war eine Chance, das Thema Muslimfeindlichkeit aus einem anderen Blickwinkel zu betrachten und neu anzugehen. Als Modellprojekt des Programms startete 2015 „WIR HIER! Kein Platz für Muslimfeindlichkeit in Europa – Migrantenorganisationen im Dialog". Die Migrantenselbstorganisationen La Red und agitPolska untersuchen dabei gemeinsam in Berlin, was polnisch-, russisch- und spanischsprachige Jugendliche über den Islam denken, und haben bis heute eine ganze Reihe jugendkultureller Projekte auf die Beine gestellt. Als dritter Projekt-

Dr. Christian Pfeffer-Hoffmann, Dr. Janine Ziegler

partner von WIR HIER! analysiert Minor – Projektkontor für Bildung und Forschung wissenschaftliche und gesellschaftspolitische Debatten rund um das Thema Muslimfeindlichkeit in Europa.

Im Rahmen von WIR HIER! hat sich Minor anfangs v. a. mit der Begriffsbestimmung beschäftigt, also mit den Diskussionen über Muslimfeindlichkeit und Islamfeindlichkeit, Islamophobie und antimuslimischen Rassismus. Ein weiterer Schwerpunkt war die Bedeutung von Migration in diesem Zusammenhang. Basierend auf einem Fachgespräch entstand die Veröffentlichung „Muslimfeindlichkeit und Migration". Angesichts der Projektarbeit mit nicht-muslimischen Migrantinnen und Migranten rückten auch die aktuellen Debatten über Muslimfeindlichkeit in anderen europäischen Ländern in den Fokus. 2017 erschien der Band „Muslimfeindlichkeit in Europa", der einen Überblick über die Situation in den meisten europäischen Staaten schafft und sich zudem vertieft mit Spanien und Polen befasst. Die eingehende Beschäftigung mit den unterschiedlichen europäischen Perspektiven hat zu der Frage geführt, wie staatliche und zivilgesellschaftliche Initiativen in anderen europäischen Ländern mit Muslimfeindlichkeit umgehen. Wir haben dazu recherchiert und zahlreiche Gespräche geführt – und die Arbeit spannender Initiativen und Organisationen kennengelernt. So entstand die Idee für ein Colloquium zum Umgang mit Muslimfeindlichkeit in Europa. Die Tagung fand Ende November 2018 im Bundesfamilienministerium in Berlin statt und hat den Teilnehmerinnen und Teilnehmern Möglichkeiten zum Austausch und zur Vernetzung gegeben und ihnen hoffentlich geholfen, für den Alltag neue Strategien im Kampf gegen Muslimfeindlichkeit zu entwickeln. Denn zumindest das ist tröstlich: Gerade weil das Thema so vielfältig ist, gibt es viele Ansatzpunkte.

Basierend auf dem zweitägigen Colloquium gibt der vorliegende Band einen Einblick in die Alltagsarbeit von staatlichen und zivilgesellschaftlichen Initiativen im Umgang mit Muslimfeindlichkeit. Es geht also nicht aus einer nationalen Perspektive um antimuslimischen Rassismus in einem Land, sondern um die Vielfalt von Muslimfeindlichkeiten in unterschiedlichen Staaten und darum, wie sie zusammenhängen und sich an einigen Stellen unterscheiden. Dabei wird ein weiter Bogen von historischen Fragen über empirische Daten und Theorien bis hin zu rechtlichen Zugängen und Praxiserfahrungen gespannt. So geben zu Beginn die Leiterin der Akademieprogramme des Jüdischen Museums Berlin Dr. Yasemin

Einführung

Shooman und die Sozialwissenschaftlerin Dr. Aleksandra Lewicki von der University of Sussex einen Überblick über Muslimfeindlichkeit in Europa. Anschließend folgt eine Zusammenfassung der wichtigsten Ergebnisse von zwei Hearings mit Expertinnen aus der Praxis.

Abbildung 4: Dr. Janine Ziegler

Um das Thema Muslimfeindlichkeit in seiner ganzen Vielschichtigkeit zu erfassen, ist es noch ein weiter Weg. Die größte Herausforderung ist die Anerkennung des Phänomens als Problem in der Breite der Gesellschaft. Zwar ist antimuslimischer Rassismus in ganz Europa weitverbreitet – man könnte auch sagen: deprimierend normal –, doch gilt es, die noch nicht sensibilisierten Teile der Gesellschaft auf das Thema aufmerksam zu machen. Um qualifizierte Aussagen machen zu können, müssen in einem ersten Schritt Daten zur wachsenden Muslimfeindlichkeit gesammelt werden. Daneben gibt es zahlreiche Aspekte, die noch längst nicht ausreichend untersucht worden sind. Dazu zählen neben intersektionellen Fragen die Bedeutung von Muslimfeindlichkeit für Einwanderungsgesellschaften und die Unterschiede zwischen Männern und Frauen, also die Frage, ob sich antimuslimischer Rassismus gegen Männer und Frauen unterscheidet. Zu all diesen Themen ist noch viel zu sagen, zu forschen und zu diskutieren. Auf jeden Fall wünschen wir uns, dass eine miteinander redende Gesellschaft ohne Ressentiments entsteht und dass auch in einer immer vielfältiger werdenden Gesellschaft der Zusammenhalt enger wird.

Muslimfeindlichkeit in Europa. Versuch einer Standortbestimmung*

DR. YASEMIN SHOOMAN

Antimuslimischer Rassismus gehört heute zu den am weitest verbreiteten und akzeptierten Formen von Rassismus in Europa. Mit dem zunehmenden gesellschaftlichen Rechtsruck und dem Bemühen, in Dialog mit den „besorgten Bürgern" zu treten, nehmen muslimfeindliche Stereotype immer mehr Raum ein. Vor diesem Hintergrund möchte ich schlaglichtartig die größten Herausforderungen benennen und erläutern, wie mögliche Reaktionsmuster der Betroffenen aussehen können.

1. Herausforderungen

1.1. Anerkennung des Phänomens

Obwohl es inzwischen staatlich geförderte Projekte gegen antimuslimischen Rassismus gibt, ist es noch ein weiter Weg zu einer breiten politischen Anerkennung des Phänomens. Das zeigt sich u. a. in der anhaltenden Begriffsdiskussion. Denn lange hat man sich damit aufgehalten, sich an den verschiedenen Begriffen wie „antimuslimischer Rassismus" oder „Muslimfeindlichkeit" abzuarbeiten. Im englischsprachigen Raum hat sich mittlerweile der Begriff *islamophobia* weitgehend durchgesetzt. Der britische Think-Tank Runnymede Trust führte ihn 1997 mit dem Report „Islamophobia. A Challenge For Us All" in die breitere Debatte ein und wollte damit auf die Diskriminierung von Musliminnen und Muslimen aufmerksam machen. Allerdings kam rasch Kritik an der Bezeichnung auf, einerseits wegen des Phobie-Begriffs der krankhaften Angst, andererseits weil das Wort angeblich von iranischen Mullahs erfunden worden sei. Diese Wanderlegende, die auf die französischen Feministinnen und Aktivistinnen Caroline Fou-

---

* Der Beitrag ist die verschriftlichte Version des Vortrags, den Dr. Yasemin Shooman am 29. November 2018 als Keynotespeech auf der internationalen Tagung „Muslimfeindlichkeit in Europa – Umgang mit einem Alltagsphänomen" im BMFSFJ in Berlin gehalten hat.

rest und Fiammetta Venner zurückgeht, ist längst widerlegt. Das Wort Islamophobie lässt sich erstmalig 1910 in Texten französischer Kolonialbeamter nachweisen, vielleicht sogar, wenn man weitersucht, noch früher. Eine erste wesentliche Herausforderung ist es also, eine wissenschaftlich und politisch anerkannte Arbeitsdefinition zu finden, um das Phänomen adäquat adressieren zu können. Diese könnte sich an der Arbeitsdefinition von Antisemitismus der International Holocaust Remembrance Alliance (IHRA) von 2016 orientieren, die die Bundesregierung 2017 für staatliche Institutionen adaptierte. Zwar wird auch die IHRA-Definition kritisiert, doch geht es bei einer Arbeitsdefinition in erster Linie darum, eine gemeinsame Grundlage v. a. für staatliche Akteure zu schaffen, um staatliches Handeln wie z. B. die Erfassung und die bessere Einordnung von Straftaten zu ermöglichen.

Eine Arbeitsdefinition von Muslimfeindlichkeit müsste v. a. berücksichtigen, dass es sich dabei nicht ausschließlich um ein Phänomen der religiösen Intoleranz handelt, sondern dass damit die „Rassifizierung" religiöser Zugehörigkeit einhergeht. Die Rassismusforschung hat gezeigt, dass mit der Tabuisierung des Rassebegriffs nach dem Zweiten Weltkrieg der Rassismus mitnichten obsolet geworden ist, sondern dass er neu kodiert wurde. Der Neo- bzw. Kulturrassismus ist ein „Rassismus ohne Rassen" und arbeitet nicht mehr vorrangig mit biologistischen Annahmen, sondern mit kulturellen Zuschreibungen. Im englischsprachigen Kontext hat sich diese Sichtweise auf Muslimfeindlichkeit bereits durchgesetzt. So heißt es in einem Papier der All Party Parliamentary Group on British Muslims, die versucht, sich auf eine Arbeitsdefinition von Islamophobie zu verständigen: „Islamophobia is rooted in racism and is a type of racism." (The Guardian 2018)

Ein weiteres wesentliches Merkmal von Muslimfeindlichkeit ist die Ethnisierung der Kategorie „Muslim". Muslim-Sein und Deutsch-Sein bzw. in anderen Ländern entsprechende ethnisch gefasste Kategorien werden heute als Gegensatzpaare konstruiert. Das heißt: Es geht nicht nur darum, dass eine Gruppe als Religionsgemeinschaft diskriminiert und attackiert wird. Vielmehr zielt antimuslimischer Rassismus wegen der tatsächlichen oder auch nur zugeschriebenen Religionszugehörigkeit auf Ablehnung, Abwertung und Ausgrenzung von Menschen als Musliminnen und Muslime. Merkmale wie religiöse Kleidung, allen voran das Kopftuch, ein bestimmtes Äußeres wie schwarze Haare oder ein Bart und bestimmte Namen können zum Stigma werden.

Muslimfeindlichkeit gründet zudem auf der Vorstellung der Unvereinbarkeit „des" Islams mit „dem" Westen mit spiegelbildlich zueinander angeordneten Selbst- und Fremdbildern. So wird der Islam pauschal mit Stereotypen wie rückständig, irrational, bedrohlich und gewaltbereit verbunden, während der Westen als fortschrittlich, emanzipiert und aufgeklärt gilt. Und schließlich ist antimuslimischer Rassismus historisch tradiert: Mit der postkolonialen Migration und der Arbeitsmigration nach Europa wurde aus dem „äußeren Feind" der „Andere im Inneren".

Abbildung 5: Dr. Yasemin Shooman

Die im akademischen Rahmen sinnvolle und nötige Kritik an Begriffen dient im politischen Kontext oft der Verharmlosung oder gar Leugnung der Muslimfeindlichkeit. Ein Beispiel dafür ist die Wortneuschöpfung „Islamkritik", auf die ich unten näher eingehen werde. Wer seriös argumentiert, wird nicht leugnen, dass es innerhalb der muslimischen Communitys Probleme mit Sexismus, Antisemitismus und Homophobie gibt. Allerdings instrumentalisiert der antimuslimische Rassismus all diese Themen massiv. Selbstverständlich ist es keine Spezifik der Muslimfeindlichkeit, dass sie sich als Kritik tarnt. Aber in diesem Bereich ist es manchmal besonders schwer zu erkennen, ob es sich um berechtigte Kritik oder ein Ressentiment handelt. Folgende Indikatoren können darüber Aufschluss geben:

1) *Generalisierende Zuschreibungen.* Die Rechtspopulisten haben dazugelernt: Sie betonen intern, man solle nicht von „den" Muslimen oder „allen" Muslimen reden. Dieser Mechanismus, dass man stets ein „gutes" Alibi-Mitglied der abgelehnten Gruppe als Beispiel anführen kann, ist nicht neu. Durch den Kontext erkennt man aber meist sehr gut, ob nicht, auch wenn es so nicht

explizit gesagt wird, doch alle oder die meisten Musliminnen und Muslime gemeint sind.
2) *Intention.* Geht es wirklich um die Sache? Zielt Kritik also auf eine Verbesserung der Verhältnisse ab oder soll nur das eigene Ressentiment bzw. eine Ausgrenzungspraxis legitimiert werden, nach dem Motto: Die gehören nicht dazu, weil sie homophob sind?
3) *Doppelter Standard.* Engagieren sich die Akteure auch sonst für ein bestimmtes Thema oder führen sie es nur ins Feld, wenn es um Musliminnen und Muslime geht? Ein hervorragendes Beispiel dafür sind Frauenrechte. So kamen in Thilo Sarrazins erstem Buch „Deutschland schafft sich ab" Frauen hauptsächlich als Gebärende vor, die, wie Musliminnen, entweder zu viele Kinder oder, wie weiße deutsche Akademikerinnen, zu wenige Kinder bekommen würden. Das heißt: Sarrazin spricht zwar viel von Frauenrechten, transportiert aber selbst ein reaktionäres Frauenbild. Auch empirisch lässt sich nachweisen, dass bisweilen ein doppelter Standard angelegt wird. So wurden bei einer Studie in acht europäischen Staaten ein islamfeindliches und ein sexistisches Item nebeneinandergestellt (siehe Grafik 1 und 2). Dabei zeigt sich: Frauenrechte werden oft nur als Argument vorgebracht, um ein Ressentiment zu legitimieren.

Meinungsfreiheit genießt in einer demokratischen Kultur zu Recht oberste Priorität. Umso wichtiger ist es, genau hinzuschauen, wenn sie benutzt wird, um verletzliche, von Rassismus betroffene Minderheiten zu stigmatisieren und ihre Ausgrenzung zu rechtfertigen.

1.2. Umwegkommunikation „Islamkritik"

Die „Islamkritik" ist eine geschickte rhetorische Strategie. In der Vorurteilsforschung spricht man von „Umwegkommunikation": Um sich nicht dem Vorwurf des Rassismus auszusetzen, tarnen Islamfeinde ihre Ressentiments als Religionskritik und versuchen, sie so zu legitimieren. Sich selbst bezeichnen sie als „Islamkritiker". Freilich hat diese Wortneuschöpfung kein Pendant, denn niemand tritt als Christentums-, Judentums- oder Hinduismuskritiker auf. Islamkritik geht es also nicht um Religionskritik, sie arbeitet sich ausschließlich am Islam ab.

Muslimfeindlichkeit in Europa

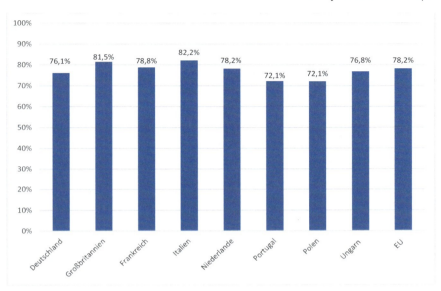

Grafik 1: Islamfeindlichkeit
Zustimmung zur Aussage: „Die muslimischen Ansichten über Frauen widersprechen unseren Werten." (Eigene Darstellung nach Zick et. al. 2011) © Minor

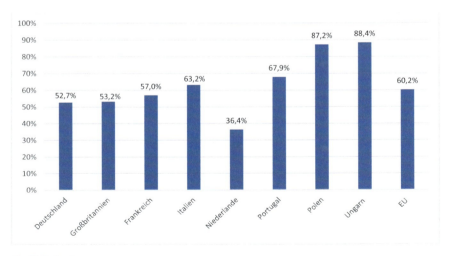

Grafik 2: Sexismus
Zustimmung zur Aussage: „Frauen sollten ihre Rolle als Ehefrau und Mutter ernster nehmen." (Eigene Darstellung nach ebd.) © Minor

Islamkritiker haben u. a. den markanten Slogan der Anti-Aids-Kampagne „Gib Aids keine Chance" für ihre Ziele adaptiert und verwenden den Schriftzug „Gib Islam keine Chance" auf Aufklebern, Plakaten und Pullovern. Was bedeutet es für Gläubige, wenn ihre Religion mit einer tödlichen Krankheit gleichgesetzt wird? Gibt es nicht einen zwingenden Zusammenhang zwischen dem Bild, das sich Außenstehende von einer Religion machen, und dem Bild, das sie von deren Anhängern haben? Zugespitzt gefragt: Kann man „den" Islam hassen und zugleich Musliminnen und Muslimen gegenüber neutral sein? Tatsächlich wirkt die Unterscheidung zwischen einem „legitimen" Ressentiment gegen die Religion und einem „illegitimen" gegen die Anhänger dieser Religion künstlich. Denn am Ende geht es um die Menschen, die den Islam leben oder mit ihm assoziiert werden, auch wenn sie sich selbst vielleicht gar nicht damit identifizieren.

Umwegkommunikation spielt auch in den Kampagnen der Alternative für Deutschland (AfD) eine große Rolle. So forderte sie im bayerischen Landtagswahlkampf 2018 auf Plakaten „islamfreie Schulen". Allerdings stellt sich die Frage, ob mit „islamfrei" nicht zwangsläufig auch Musliminnen und Muslime gemeint sind, wie auch im Grundsatzprogramm der AfD. Dort heißt es: „Der Islam gehört nicht zu Deutschland. In seiner Ausbreitung und in der Präsenz einer ständig wachsenden Zahl von Muslimen sieht die AfD eine große Gefahr für unseren Staat, unsere Gesellschaft und unsere Werteordnung." Die AfD betont v. a. die Präsenz, also die physische Anwesenheit von Menschen, die als Musliminnen und Muslime markiert sind, was zeigt, dass es in erster Linie um die Mitglieder dieser Religionsgemeinschaft und weniger um die Religion geht.

1.3. Kultur des Verdachts

Eine weitere Herausforderung ist die Kultur des Verdachts, im Vergleich zu den bisher genannten ein relativ neues Phänomen, das sich v. a. gegen muslimische Intellektuelle richtet, die sich in den öffentlichen Diskurs einbringen und zur Zielscheibe von Diffamierungen im denunziatorischen Stil werden. Entscheidend ist das Prinzip der „Kontaktschuld": Ungeachtet ihrer eigenen politischen Ansichten und ausschließlich wegen Kontakten zu bestimmten islamischen Gemeinden oder Organisationen werden muslimische Intellektuelle in die Nähe des Islamismus gerückt – nach 9/11 ein schwerwiegender Vorwurf, der bedeutet, dass man zu einem Sicherheitsproblem wird. Betroffen sind nicht nur Individuen, sondern auch Institutionen wie beispielsweise die Alhambra-Gesellschaft. Gleichzeitig beschränkt sich die Kultur des Verdachts nicht auf die Mehrheitsgesellschaft, sondern erfasst auch die muslimischen Communitys. Denn mit Organisationen, denen eine wie auch immer geartete Nähe zu bestimmten islamischen Gemeinden unterstellt wird, wollen andere Institutionen nichts mehr zu tun haben, v. a. wenn sie auf staatliche Förderung angewiesen sind.

Eine solche Verleumdung erlebte im Herbst 2018 die Publizistin Kübra Gümüsay, eine der eloquentesten jungen muslimischen Stimmen in Deutschland. Sie setzt sich mit Feminismus und Sexismus auseinander und engagiert sich gegen Rassismus. Als Gümüsay als Podiumsgast an einer Tagung des Dresdner Hygienemuseums im Begleitprogramm der Ausstellung „Rassismus – Die Erfindung der Menschenrassen" teilnehmen sollte, verlangten 23 Personen in einem offenen Brief ihre Ausladung, darunter Prominente wie „Emma"-Chefredakteurin Alice Schwarzer und die Frauenrechtlerin Seyran Ateş. Als Grund nannten sie Gümüsays Auftreten bei Organisationen wie der Islamischen Gemeinschaft Millî Görüş (IGMG), die der Verfassungsschutz viele Jahre lang dem sogenannten legalistischen – also gewaltfreien – Islamismus zurechnete. Mittlerweile bewerten viele Bundesländer diesen zweitgrößten muslimischen Verband in Deutschland allerdings anders und haben die Beobachtung eingestellt. Solche differenzierten Betrachtungen spielten für die Unterzeichner des Briefes keine Rolle.

Die Forderung nach einer Ausladung und dem Auftrittsverbot für Kübra Gümüsay kommt der Forderung nach einem Ausschluss aus dem Diskurs gleich. Dabei gerät eines aus dem Blick: Wer in die muslimischen Communitys hineinwirken und etwas zum Positiven verändern will, muss mit organisierten Muslminnen und Muslimen im Gespräch bleiben. „Kontaktverbote" sind lebensfremd und werden selbst von der Politik nicht befolgt. Immerhin saß die IGMG über den Dachverband des Islamrats viele Jahre in der vom Bundesinnenministerium organisierten Deutschen Islam Konferenz und wirkt in einigen Bundesländern an der inhaltlichen Ausgestaltung des islamischen Religionsunterrichts an staatlichen Schulen mit. Bemerkenswert ist zudem, dass bei Kontaktschuldvorwürfen oft ein doppelter Maßstab angelegt wird. So gab Seyran Ateş dem neurechten Querfront-Magazin „Compact", das als Sprachrohr der AfD und der Pegida-Bewegung gilt, ein Interview – ausgerechnet im Januar 2015, als die Pegida-Demonstrationen ihren Höhepunkt erreichten. Im November 2018 war sie Hauptrednerin auf einem von der rechtspopulistischen Freiheitlichen Partei Österreichs (FPÖ) in Wien organisierten Vortragsabend. Legte man an Ateş denselben Maßstab an, wie sie es bei Gümüsay tut, müsste man ihr „Nähe" zu Pegida und FPÖ attestieren.

Die Kritik an der Einladung von Kübra Gümüsay verdeutlicht, dass paradoxerweise insbesondere erfolgreiche Musliminnen und Muslime, die sich gesellschaftlich engagieren und den Diskurs aktiv mitgestalten, Anfeindungen ausgesetzt sind. Manchen bleiben sie offenbar stets verdächtig – besonders dann, wenn sie sich nicht von ihrer Religion lossagen und diese sichtbar praktizieren. Dabei sollten Musliminnen und Muslime, wie alle anderen auch, als Individuen ernst genommen und daran gemessen werden, wie sie sich selbst positionieren, statt sie durch die Brille stereotyper Zuschreibungen zu betrachten und mit einer Kultur des Verdachts zu überziehen. Dies gilt umso mehr, wenn sie sich innermuslimisch kritisch mit extremistischen Positionen auseinandersetzen.

Der oben skizzierte Fall macht deutlich, dass antimuslimische Ressentiments nicht nur im rechten politischen Lager, sondern auch in der sogenannten Mitte der Gesellschaft und in linken Kreisen zu finden sind. Alice Schwarzer gehört z. B. nicht zum rechten Spektrum, doch spielt sie auf der Klaviatur der antimuslimischen Ressentiments, wenn sie das Kopftuch pauschal als „Flagge des Islamismus" brandmarkt und damit alle Kopftuchträgerinnen dem Extremismusverdacht aussetzt.

1.4. Auswirkung auf die Betroffenen

Lange hat sich die Forschung zu Muslimfeindlichkeit auf den antimuslimischen Diskurs konzentriert, die Argumentationsmuster untersucht und analysiert, von wem er ausgeht und welche Funktion einzelne Stereotype haben. Bisher kaum erforscht sind jedoch die Auswirkungen des antimuslimischen Rassismus auf die Betroffenen. Deswegen plädiere ich für einen Perspektivwechsel wie im Rahmen der Konferenz „Living with Islamophobia" im Oktober 2018 im Jüdischen Museum Berlin. Einer der Teilnehmer, der amerikanische Literaturwissenschaftler Moustafa Bayoumi, konzentriert sich schon seit Längerem auf den Blickwinkel der Betroffenen. Für seine 2009 erschienene Studie „How does it feel to be a problem? Being young and arab in America" befragte er arabischstämmige Jugendliche aus Brooklyn zu ihren Erfahrungen. Als Post-9/11-Generation sind sie mit einem konstanten Negativbild vom Islam als einem wichtigen Teil ihrer Identität aufgewachsen.

„Wie fühlt es sich an, ein Problem zu sein?" sollte auch in Deutschland eine wichtige Leitfrage für die Forschung sein. Was bedeutet es z. B. für muslimische Kinder, wenn sie auf dem Weg zur Schule am Zeitungskiosk immer wieder Titelschlagzeilen wie „Der heilige Hass" (Der Spiegel 6/2006) oder „Die dunkle Seite des Islam" (Focus 45/2014) sehen? Welche Auswirkungen hat es auf ihr Selbstbild, wenn der Islam in den Medien v. a. als Gefahr dargestellt und auf Extremismus und Frauenfeindlichkeit reduziert wird? Welchen Bezug zur eigenen Religion und Tradition entwickeln Kinder, wenn sie hauptsächlich deswegen anfangen, sich mit dem Islam zu beschäftigen, weil sie mit Negativzuschreibungen konfrontiert werden? Und was heißt es, wenn die Jugendarbeit mit Musliminnen und Muslimen v. a. auf der Präventionslogik basiert? Ich halte es für problematisch, wenn, wie für die Post-9/11-Generation, die Ausgrenzungserfahrung zu einer der Hauptquellen der Identitätsstiftung wird. Das ist kein empowernder Ansatz für eine starke eigene Identität.

Nach dem Attentat in der Tree-of-Life-Synagoge in Pittsburgh im US-Bundesstaat Pennsylvania am 27. Oktober 2018 mit elf Toten veröffentlichte die Antisemitismusforscherin Deborah Lipstadt am 5. November im jüdischen Magazin „Forward" einen Artikel mit dem Titel „We Can't Let Anti-Semitism Define Us". Darin heißt es:

> „We cannot let anti-Semitism become the building block and the foundation stone of our Jewish identity. Doing that, hands our enemies a victory. [...] Recently, a much-respected Jewish communal leader lamented to me that he regretted not having educated his children about Jewish traditions and culture. He was, however, very proud of the fact that he had embedded within them a total intolerance of anti-Semitism. [...] I did not say anything, but his comments made me sad. Anti-Semitism has become the drummer to which his family's Jewish identity marches. In other words, what is done to Jews becomes far more significant than what Jews do. [...] This cedes to the oppressor control over one's destiny. It leaves many Jews, including this man's children, aware of what to be against but not what to be for. [...] Jewish tradition in all its manifestations – religious, secular, intellectual, communal, artistic, and so much more – is far too valuable to be tossed aside and replaced with a singular concentration on the fight against hatred. This need for Jews to balance the ‚oy' with the ‚joy' is an

exhortation that could well be shared with many other groups that have become the objects of discrimination and prejudice."

Deborah Lipstadt warnt davor, Antisemitismus zum Fundament einer jüdischen Identität zu machen, die nicht mehr darauf gründet, was Juden tun und was sie ausmacht, sondern was Antisemiten ihnen antun. Sie warnt vor dem Verlust einer positiven jüdischen Identität, die aus dem eigenen reichhaltigen kulturellen Erbe schöpft und sich nicht auf das Abarbeiten an antisemitischen Zuschreibungen reduziert. Den Anderen soll nicht die Definitionsmacht über die eigene Gruppenidentität überlassen werden. Lipstadt setzt auf Empowerment und schließt mit der Überlegung, dass die von ihr angeschnittenen Fragen für alle von Diskriminierung betroffenen Gruppen relevant sind. Tatsächlich halte ich die Ausbildung einer positiven muslimischen Identität für eine der wichtigsten Herausforderungen der muslimischen Communitys, wenn sie mit antimuslimischem Rassismus konfrontiert werden.

Abbildung 6: Tanja Berg und Dr. Yasemin Shooman

Im Übrigen sollte man auch bei der Abwehr von Muslimfeindlichkeit die Betroffenen im Blick haben. Ein gängiges Argument gegen Überfremdungsängste ist der Hinweis, die Zahl der in Deutschland lebenden Musliminnen und Muslime sei nicht so hoch wie angenommen. Auch hier kann man sich fragen: Wie geht es Musliminnen und Muslimen damit, wenn das antimuslimische Ressentiment nicht ausgehebelt, sondern ihre Anwesenheit mit dem Argument verteidigt wird, es gäbe gar nicht so viele von ihnen?

2. Reaktionsmuster der Betroffenen

Abschließend möchte ich mögliche Reaktionsmuster und Auswirkungen auf die Betroffenen skizzieren, die in den letzten Jahren zu beobachten waren. Sie beziehen sich nicht nur auf Musliminnen und Muslime, sondern auch auf andere von Rassismus und Ausgrenzung betroffene Gruppen.

2.1. Annahme oder Verinnerlichung des Stigmas

Ein Effekt auf die Mitglieder einer von Ausgrenzung und Stereotypisierung betroffenen Gruppe kann darin bestehen, dass sie die negativen Zuschreibungen, mit denen sie von einer dominanten Gruppe versehen werden, annehmen und das Gefühl der eigenen Minderwertigkeit verinnerlichen. Das ist empirisch belegt. So zeigen Studien der Vorurteilsforschung in den USA, dass nicht nur Weiße überproportional häufig Schwarzen Kriminalität zuschreiben, sondern auch Schwarze selbst. Sie haben also die Vorstellung verinnerlicht, dass Schwarze eher zu Kriminalität neigen.

Erving Goffman und seiner Etablierten-Außenseiter-Figuration folgend, lässt sich feststellen, dass Mitglieder der stigmatisierten Außenseitergruppe zuweilen versuchen, sich von ihrer Gruppe zu distanzieren in der Hoffnung, so das Stigma „ablegen" zu können. Der Wunsch, vom Außenseiter zum Etablierten zu werden, kann darin münden, dass sich Mitglieder der stigmatisierten Gruppe an der Stigmatisierung beteiligen und als „Kronzeugen" die Beschuldigungen der Etablierten gegen die Außenseiter „beglaubigen". Diese oft kulturalisierenden, stereotypisierenden Zuschreibungen werden im Impetus vorgetragen: „Ich gehöre selbst dieser Gruppe an. Ich kann das bezeugen." Ein prominentes Beispiel ist die Soziologin Necla Kelek. Im Klappentext ihres Buchs „Die verlorenen Söhne" von 2006 heißt es: „Warum sind so viele muslimische und türkische Jungen Schulversager? Warum haben viele türkische Jungen ein Gewaltproblem? Warum sitzen überproportional viele Muslime in deutschen Gefängnissen? Sind soziale Benachteiligung und mangelnde Bildungschancen die Ursache dafür? Oder der Islam und die archaischen Stammeskulturen einer sich ausbreitenden Parallelgesellschaft?" Selbstredend sind das für sie rhetorische Fragen. Eine weitere „Kronzeugin" ist Serap Çileli. In „Eure Ehre – Unser Leid" von 2008 schreibt sie: „Ich gehöre zu der Minderheit von Türken, die sich hier wirklich integriert haben. [...]

Dr. Yasemin Shooman

Seitdem ich meine Geschichte öffentlich gemacht und gegen eklatante Menschenrechtsverletzungen wie Zwangsehe und Ehrenmord kämpfe, wird mir das immer wieder bescheinigt."

Wichtig ist in diesem Zusammenhang: Es geht nicht darum, in Abrede zu stellen, dass die Genannten reale Missstände anprangern. Die Frage ist jedoch, in welcher Art und Weise dies geschieht. Denn mit ihrer Deutung legen sie dem Publikum eine rassistische Erklärung der Gewalt gegen muslimische Frauen nahe.

2.2. Gegenstigmatisierung

Ein weiteres Reaktionsmuster besteht darin, die erfahrene Stigmatisierung abzuwehren, indem sie „umgedreht" wird. Negative Stereotype werden auf die etablierte Gruppe übertragen und so an die stigmatisierende Instanz „zurückgegeben". Zugleich wird die der Eigengruppe zugeschriebene Minderwertigkeit umgedeutet und mündet in Selbstüberhöhung, um auf diese Weise die erfahrene Unterprivilegierung auszugleichen. Beispiele hierfür sind u. a. einige Konflikte, die in den vergangenen Jahren in der Öffentlichkeit unter dem Begriff „Deutschenfeindlichkeit" verhandelt wurden.

2.3. Silencing

Ein dritter Effekt der Stigmatisierung einer Gruppe ist das *silencing*, das Verstummen. Aus „Selbstschutz" leugnen und tabuisieren Mitglieder einer stigmatisierten Gruppe die Beschuldigungen, mit denen sie konfrontiert werden, selbst wenn es sich tatsächlich um kritikwürdige Tendenzen handelt. Die Angriffe von außen führen dazu, dass selbstkritische Diskurse im Inneren zum Verstummen gebracht werden, um den Etablierten keine weiteren Argumente für die Ausgrenzung zu liefern. Das heißt: Ein eigener ehrlicher Diskurs wird erschwert oder gar verhindert.

Der Unterschied zwischen einem selbstkritischen Diskurs und der Annahme des Stigmas ist v. a. der Adressat. Wenn man etwas in den muslimischen Communitys verändern will, muss man die innermuslimische Auseinandersetzung suchen. „Kronzeugen" hingegen haben ein ganz anderes Gegenüber, wenn sie ihre Bücher schreiben oder in Talkshows Vorurteile der etablierten Gruppe bestärken.

***

Angesichts der vielfältigen Herausforderungen fällt es schwer, erfolgreiche Gegenstrategien als Antwort auf Muslimfeindlichkeit auszumachen. Wer für Gegennarrative kämpft, fühlt sich oft isoliert. Deswegen sind Allianzen und Bündnisse zwingend notwendig. Um dem Gefühl von Verletzlichkeit entgegenzuwirken, ist die Stärkung von Beziehungen zwischen verschiedenen Communitys von großer Bedeutung. Das Vernetzen und der Austausch über Erfahrungen als ein Aspekt von Empowerment haben in meinen Augen das größte Potenzial im Kampf gegen antimuslimischen Rassismus.

Literaturverzeichnis

Alternative für Deutschland, 2016: Programm für Deutschland. Das Grundsatzprogramm der Alternative für Deutschland. https://www.afd.de/wp-content/uploads/sites/111/2017/01/2016-06-27_afd-grundsatzprogramm_web-version.pdf (19.12.2018).

Bayoumi, M., 2009: How Does It Feel to Be a Problem? Being Young and Arab in America. New York: Penguin Books.

Çileli, S., 2008: Eure Ehre – Unser Leid. Ich kämpfe gegen Zwangsehe und Ehrenmord. München: Blanvalet.

Kelek, N., 2006: Die verlorenen Söhne. Plädoyer für die Befreiung des türkisch-muslimischen Mannes. Köln: Kiepenheuer & Witsch.

Lipstadt, D., 2018: We Can't Let Anti-Semitism Define Us. Forward (05.11.2018).

Runnymede Trust, 1997: Islamophobia. A Challenge for Us All. London: Runnymede Trust.

Sarrazin, T., 2010: Deutschland schafft sich ab. Wie wir unser Land aufs Spiel setzen. München: DVA.

The Guardian, 2018: Muslims demand full legal protection from Islamophobia. https://www.theguardian.com/uk-news/2018/dec/01/muslims-demand-full-legal-protection-from-islamophobia (19.12.2018).

Zick, A. / Küpper, B. / Hövermann, A., 2011: Die Abwertung der Anderen. Eine europäische Zustandsbeschreibung zu Intoleranz, Vorurteilen und Diskriminierung. Berlin: Friedrich-Ebert-Stiftung.

Antimuslimischer Rassismus in Europa. Entstehungsgeschichte und Erscheinungsformen eines Alltagsphänomens

Dr. Aleksandra Lewicki

Ziel dieses Beitrags ist es, einen Einblick in das Phänomen des antimuslimischen Rassismus in Europa zu geben und einige Mythen, die darüber zirkulieren, zu hinterfragen. In einem ersten Schritt möchte ich den Forschungsstand zum Entstehungshintergrund skizzieren und zeigen, wie Islamophobie in der europäischen Geschichte verankert ist. In einem zweiten Schritt werde ich einen Überblick über die aktuelle Datenlage geben, also den empirischen Wissensstand zum Thema antimuslimischer Rassismus in Europa kurz anreißen. Ich werde mich hierbei auf drei Länderbeispiele konzentrieren: Deutschland, Großbritannien und Polen.

1. Entstehungsgeschichte

Schon im ersten Absatz dieses Beitrags habe ich zwei verschiedene Begriffe verwendet: Islamophobie und antimuslimischer Rassismus. Wie es in der internationalen Forschungsdebatte üblich ist, verwende ich beide Begriffe synonym. Weil gerade in der öffentlichen und politischen Debatte eine gute Arbeitsdefinition essenziell ist, möchte ich zu Beginn kurz umreißen, was ich damit meine. Ein Großteil der internationalen Forschungsgemeinschaft sieht Islamophobie als eine Form des Rassismus, die sich auf Menschen richtet, die als Musliminnen und Muslime wahrgenommen werden oder sich selbst als muslimisch bezeichnen.

Das führt zu der Frage: Was ist Rassismus? Frei nach Stuart Hall möchte ich den Begriff mit einem kausalen Dreieck erklären (siehe Grafik 3, Hall 2004, siehe auch Rommelspacher 2009). Danach ist Rassismus eine Form gesellschaftlicher Dominanz, in seiner Logik dem Sexismus nicht unähnlich, aber im Gegensatz zu diesem nicht geschlechtsbezogen, sondern zugehörigkeitsbezogen. Menschen werden „rassialisiert" (*racialized*). Das heißt: Bestimmte Merkmale, die an ihnen wahrgenommen oder die ihnen zugeschrieben werden, wie etwa ethnische Zugehörigkeit, Nationalität, Religionszugehörigkeit, Kultur, Abstammung, aber auch visuelle Merkmale wie ihre Hautfarbe werden kausal und automatisch mit bestimmten Eigenschaften und Verhaltensweisen verknüpft. So wird beispielsweise angenommen, Deutsche hätten eine explizite Affinität zum Nationalsozialismus, *people of color* wird eine höhere Neigung zu Kriminalität zugeschrieben oder es wird unterstellt, dass Menschen muslimischer Religionszugehörigkeit bzw. aus islamischen Kulturkreisen eher zu Gewalt neigen. Dieser Automatismus allein lässt sich als Stereotypisierung verstehen. Vom Vorurteil zum Rassismus erfolgt jedoch ein weiterer Schritt. Von zentraler Bedeutung für unser Verständnis von Rassismus sind die Konsequenzen, die sich aus der Verknüpfung von Merkmalen und Eigenschaften bzw. Verhalten ergeben. Daher müssen wir die Folgen des Automatismus berücksichtigen – für die gesamtgesellschaftliche Verteilung symbolischer und materieller Ressourcen sowie die körperliche Unversehrtheit betroffener Bevölkerungsgruppen. Die Beschäftigung mit Rassismus sollte daher nicht nur Stereotype und deren Inhalte hinterfragen, sondern auch untersuchen, wie Gesellschaften organisiert sind und wer aus welchen Gründen welche Position innehat.

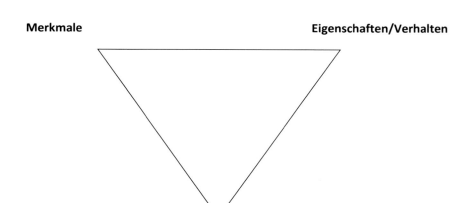

Grafik 3: Das „Rassismus-Dreieck" © Dr. Aleksandra Lewicki und Minor

Während es keinen nachweisbaren Zusammenhang zwischen der Wahrnehmung von Deutschen im Ausland und der Höhe ihres Einkommens, ihrer Repräsentation in Führungspositionen oder ihrer Erfahrung mit der Polizei gibt, kann die Forschung mit Blick auf andere Gruppen einen solchen Zusammenhang durchaus feststellen. So wird beispielsweise die Tatsache, dass eine Muslima ihrer Frömmigkeit durch ein Kopftuch Ausdruck verleiht, häufig mit Eigenschaften wie unterwürfig und unterdrückt assoziiert. Die Schlussfolgerung: Sie gilt als für Führungspositionen ungeeignet und kann demzufolge, wenn überhaupt, in sozialen Berufen wie etwa der Seniorenpflege tätig werden.

Das „Rassismus-Dreieck" funktioniert ähnlich wie Sexismus, der auf der Annahme beruht, das weibliche Geschlecht sei „von seinem Wesen her" beispielsweise eher für Kindererziehung oder die Versorgung älterer Familienmitglieder qualifiziert. Deswegen blieb und bleibt Frauen gesellschaftliche Verantwortung in bestimmten Bereichen verwehrt. Auch wenn Sexismus und Rassismus unterschiedliche Formen der Dominanz und Herrschaftsausübung sind, teilen sie einige Funktionslogiken und überschneiden sich intersektional in ihrer Wirkkraft. Wenn wir ihre Muster verstehen wollen, sollten wir nicht nur Stereotype hinterfragen, sondern auch prüfen, wie und auf welcher Grundlage sie sich auf die Verteilung gesellschaftlicher Ressourcen auswirken. Dabei sagen die Zuschreibungen oft mehr über den Kontext und diejenigen aus, die sie verbreiten, als über die betroffenen Individuen und Gruppen.

Diesen Aspekt möchte ich mit einem historischen Beispiel verdeutlichen. Die Idee, dass es unterschiedliche Typen oder Arten von Menschen mit unterschiedlicher Wertigkeit gibt, ist weder „natürlich" noch eine anthropologische Konstante (Lentin 2008). Vielmehr taucht der Begriff „Rasse" zum ersten Mal Ende des 15. Jahrhunderts im Kontext der Reconquista auf, also der Rückeroberung der Iberischen Halbinsel von der muslimischen Vorherrschaft, die 1492 endete. Die katholischen Monarchen Ferdinand II. und Isabella I. konsolidierten ihre Herrschaft, indem sie alle Nichtchristen – in diesem Fall Juden und Muslime – aus dem zurückeroberten Gebiet vertreiben ließen. Wer nicht floh, wurde gezwungen, zum Christentum zu konvertieren. Vertreibung oder Konversionszwang an sich waren nicht neu. Neu war aber, dass die Doktrin der *Limpieza de sangre* („Blutreinheit") Konvertiten zum Christentum dauerhaft und über Generationen hinweg die Gemeinschaftszugehörigkeit absprach. Höhere gesellschaftliche Weihen, also u. a. politische Ämter und Führungspositionen, blieben denjenigen vorbehalten, die qua Abstammung christlich waren. Damit wurde eine Form der Gruppenzugehörigkeit, in diesem Fall zu einer Religionsgemeinschaft, fixiert und essentialisiert. In diesem Zusammenhang wurde das Wort *raca* („Rasse") zum ersten Mal verwendet (Fredrickson 2002). Juden und Muslime oder vielmehr „neue Christen" wurden über Generationen hinweg als „ewig anders" rassialisiert. Dies ist nicht zuletzt deshalb bemerkenswert, als damit deutlich wird, dass Juden und Muslime Etappen einer gemeinsamen Geschichte als „ausgegrenzte Andere" in Europa teilen (Kalmar 2012; Renton & Gidley 2017).

Der Rassebegriff entstand nicht nur vor dem Hintergrund territorialer innereuropäischer Konsolidierung, sondern erlangte auch deshalb zunehmend globale Bedeutung, weil Europa in dieser Zeit begann, „neue Kontinente zu entdecken". Ferdinand II. und Isabella I. schickten die ersten „Eroberer" nach Amerika und leiteten damit die Christianisierung und Unterdrückung der einheimischen Bevölkerung sowie den Sklavenhandel aus Afrika ein. Vorstellungen über die Unterlegenheit der Bevölkerungsgruppen in der „neuen Welt" dienten ihrer Unterwerfung durch den Kolonialismus; sie haben somit einen ähnlichen Entstehungshintergrund wie die parallel dazu stattfindende Rassialisierung von religiösen Gruppen in Europa. Die Forschung stellt heute einen Zusammenhang zwischen verschiedenen rassistischen Repertoires wie dem Antisemitismus, dem antimuslimischen Rassismus und dem Rassismus gegen *people of color* her (u. a. Kalmar 2012).

Dieser Exkurs ins 15. und 16. Jahrhundert macht Folgendes deutlich:

1) Die Entstehungsgeschichte des Rassebegriffs veranschaulicht die oben erläuterte Definition von Rassismus. Das Merkmal der Religionszugehörigkeit wurde mit Eigenschaften wie illoyal verknüpft, und den Betroffenen auf dieser Grundlage der Zugang zu gesellschaftlicher Verantwortung und materiellen Ressourcen verwehrt. Weil Dominanz und Unterdrückung im Rückblick leichter als solche zu erkennen sind, helfen uns historische Analogien, die Gegenwart zu erschließen.

2) Rassismus wird in öffentlichen Debatten in Europa sehr häufig auf eines seiner Repertoires verkürzt, also entweder mit den Erfahrungen von *people of*

color gleichgesetzt oder ausschließlich als spezifischer Ausnahmefall der Geschichte des 20. Jahrhunderts gesehen. Rassismus äußert sich jedoch in verschiedenen historischen und gegenwärtigen Erscheinungsformen.

3) Antisemitismus, antimuslimischer Rassismus und Rassismus gegen *people of color* haben eine gemeinsame Geschichte in Europa. Wie auch der Nationalstaat oder die Aufklärung ist der Rassebegriff eine europäische Erfindung.

4) Rassismus sollte nicht auf Feindseligkeit zwischen bestimmten Gruppen verkürzt werden. Er ist auch nicht per se ein Effekt des Zusammenlebens in Vielfalt. Vielmehr zeigt der historische Vergleich, dass Rassismus vor dem Hintergrund (geo)politischer Projekte entstand oder besonders virulent wurde. So ermöglichen rassistische Ideen den europäischen Kolonialismus, konsolidierten die Reconquista und trugen im 20. Jahrhundert in Deutschland zur Schaffung und Rechtfertigung eines „Dritten Reichs" mit einer „Volksgemeinschaft" bei. Rassismus und jene politischen Projekte waren jeweils ko-konstitutiv – sie bedingten und ermöglichten einander.

5) Ein Blick in die europäische Geschichte zeigt, dass bestimmte Bevölkerungsgruppen damals und heute besonders von Rassismus betroffen sind. Auch rassistische Repertoires weisen bestimmte Kontinuitäten auf.

Ein Beispiel für solche Zuschreibungen sind die Eigenschaften, die im 18. Jahrhundert im Zuge der kolonialen Eroberung weiter Teile Afrikas und Asiens mit der dortigen Bevölkerung assoziiert wurden, womit der „Orient" und der „Orientale" imaginiert und gleichsam erschaffen wurden (Said 1978). Hierbei handelt es sich u. a. um geschlechtliche Dichotomien, denen gemäß etwa dem muslimischen Mann eine besondere Neigung zu Aggressivität, Gewalt und Irrationalität zugeschrieben wird. Frauen hingegen werden v. a. als Objekte, als passiv, unterworfen, unterdrückt und dem Manne verfügbar dargestellt. Gleichsam wird in dieser Sichtweise angenommen, nur der Westen entwickle sich weiter, während die islamische Welt als kontinuierlich stagnierend erscheint. Schließlich wird generalisiert: Zur islamischen Kultur gehören zahlreiche Länder, von Somalia über Algerien und Saudi-Arabien bis hin zur Türkei – diese weisen im orientalistischen Diskurs mehr Ähnlichkeiten als Unterschiede auf (ebd., siehe auch Kalmar 2012). Jenes historische Repertoire ist bis heute häufig vorzufinden, variiert aber in verschiedenen nationalen Kontexten hinsichtlich seiner Wirksamkeit (Attia 2009; Shooman 2014 für den deutschen Kontext).

Dr. Aleksandra Lewicki

2. Antimuslimischer Rassismus in Deutschland, Großbritannien und Polen

Die erneute Virulenz der antimuslimischen Spielart des Rassismus wurde bereits im ausgehenden 20. Jahrhundert in verschiedenen europäischen Kontexten registriert (Attia 2009; Runnymede Trust 1997). Diese erhöhte sich merklich vor dem Hintergrund der neuen geopolitischen Bipolarität des 21. Jahrhunderts. An die Stelle der bipolaren Dynamik des Kalten Kriegs, der gemäß ein sowjetisches Imperium einem globalen Westen gegenüberstand, trat nun die sogenannte „islamische Welt" als neuer östlicher Gegenpol. Der auf den 11. September 2001 folgende „Krieg gegen den Terror" ist zentraler Bestandteil dieses Paradigmenwechsels, der sowohl in den USA als auch in Europa von einer Reihe außenpolitischer und innenpolitischer Interventionen flankiert war. Vor diesem Hintergrund erfuhr das antimuslimisch rassistische Repertoire eine Aktualisierung und Erneuerung. Damit einhergehend wird Menschen, die sich selbst als Musliminnen und Muslime beschreiben oder als solche wahrgenommen werden, eine mit dem europäischen Wertekanon prinzipiell unvereinbare oder dem Westen feindselige Wertorientierung unterstellt sowie ihre Integrationsfähigkeit infrage gestellt. Häufig haben Projektionen von Alterität auch eine gesamtgesellschaftlich integrative Funktion. So zeige ich an anderer Stelle, wie sie dazu beitragen, innergesellschaftliche Spannungen und Asymmetrien auf kulturelle Identitätskonflikte zu reduzieren und damit „auszulagern" (Lewicki 2018).

Die gegenwärtige Virulenz antimuslimisch rassistischer Handlungsrepertoires möchte ich im Folgenden anhand der Beispiele Deutschland, Großbritannien und Polen nachzeichnen. Auf drei Ebenen korrespondieren Handlungsrepertoires mit der Erfahrungsdimension von Rassismus:

1) Rassistische Einstellungen, die durch quantitative Erhebungen hinreichend dokumentiert sind, können sich, wie die Diskriminierungserfahrungsforschung, aber auch jüngst die #MeToo-Kampagne nachzeichnen, in Alltagsrassismus niederschlagen;
2) die Fortschreibung und Reproduktion von Rassismus in institutionellem Handeln korrespondiert mit systematischen Benachteiligungserfahrungen in verschiedenen Bereichen des öffentlichen Lebens;

3) Hasskriminalität, z. B. Vandalismus oder gewalttätige Übergriffe gegen Personen, geht mit einer verstärkten Gefahr einher, Eingriffen in die körperliche Versehrtheit ausgesetzt zu sein.

Antimuslimischer Rassismus sollte auf keine dieser drei Handlungs- oder Erfahrungsdimensionen verkürzt werden, indem etwa Rassismus entweder einerseits mit rechtsextremer Gewalt oder andererseits mit einer vorurteilsbehafteten Haltung gleichgesetzt wird. Alle drei Handlungsrepertoires und Erfahrungsdimensionen sind wichtiger Bestandteil eines wissenschaftlich fundierten Verständnisses von Rassismus.

2.1. Einstellungsdimensionen

Aktuelle Ergebnisse des Pew Research Center (2018) zeigen, dass die Bevölkerung in Deutschland, Großbritannien und Polen zu vergleichbaren Anteilen der Ansicht ist, ihre Kultur sei anderen Kulturen überlegen (siehe Grafik 4). Dieser Aussage stimmen in Deutschland 45 % der Befragten zu, in Großbritannien 46 % und in Polen 55 %. Ungefähr die Hälfte der Bevölkerung stellt demzufolge die eigene Kultur in ein hierarchisches Verhältnis zu anderen Kulturen.

Die Frage, ob sie Menschen muslimischen oder jüdischen Glaubens als Familienmitglieder akzeptieren würden, bejahen in Deutschland Musliminnen und Muslime betreffend 55 %, mit Blick auf Jüdinnen und Juden 69 % (siehe Grafik 5). Ähnliche Werte ergab die Umfrage in Großbritannien (53 % und 69 %), während die Zustimmung in Polen geringer ausfiel (33 % und 57 %). Im deutschen Kontext stimmen diese Werte mit den regelmäßig durchgeführten Mitte- bzw. Autoritarismus-Studien überein, die in den letzten Jahren einen stetigen Anstieg antimuslimischer Einstellungen dokumentieren. Dies macht auch die jüngste Umfrage deutlich (Decker & Brähler 2018). Danach fühlen sich fast 56 % der Deutschen „durch die vielen Muslime wie Fremde im eigenen Land" (siehe Grafik 6). Der Unterschied zwischen Ost und West ist dabei weniger signifikant als in der medialen Debatte oft dargestellt (für eine ausführliche Diskussion der Ost-West-Konstellation siehe Lewicki 2018).

Dr. Aleksandra Lewicki

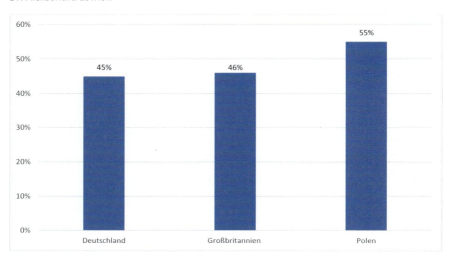

Grafik 4: Überlegenheit der eigenen Kultur
Zustimmung zur Aussage: „Unsere Leute sind nicht perfekt, aber unsere Kultur ist anderen überlegen." (Eigene Darstellung nach PEW Research Center 2018) © Minor

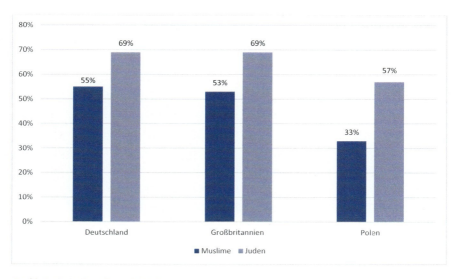

Grafik 5: Neue Familienmitglieder
Zustimmung zur Aussage: „Ich würde einen Muslim/eine Muslima oder einen Juden/eine Jüdin als Familienmitglied akzeptieren." (Eigene Darstellung nach PEW Research Center 2018) © Minor

Antimuslimischer Rassismus in Europa

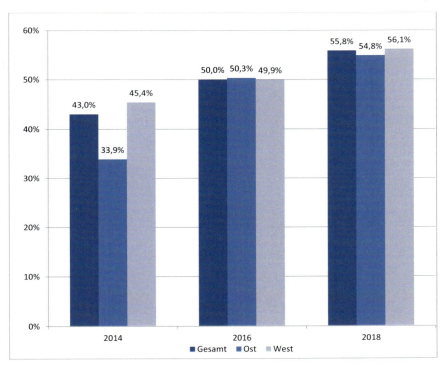

Grafik 6: Fremd im eigenen Land
Zustimmung von Deutschen zur Aussage: „Durch die vielen Muslime hier fühle ich mich manchmal wie ein Fremder im eigenen Land." (Eigene Darstellung nach Decker & Brähler 2018) © Minor

Interessanterweise überschätzt die Bevölkerung überall in Europa eklatant die Zahl der in ihrem Land lebenden Musliminnen und Muslime, wie eine Erhebung von Ipsos (2015) zeigt (siehe Grafik 7). Danach geben die Briten den Anteil von Musliminnen und Muslimen in ihrem Land mit 21 % an; der tatsächliche Bevölkerungsanteil liegt allerdings bei 5 %. In Deutschland machen Musliminnen und Muslime etwa 6 % der Bevölkerung aus, werden aber ebenfalls auf rund ein Fünftel geschätzt. In Polen, wo der Anteil der Musliminnen und Muslime bei 0,1 % liegt, schätzten ihn die Befragten auf 5 %. Das heißt: Viele Menschen, die gefragt werden, ob sie sich „fremd im eigenen Land" fühlen, gehen von einem deutlich höheren Anteil muslimischer Glaubensangehöriger in ihrem jeweiligen Umfeld aus.

Dr. Aleksandra Lewicki

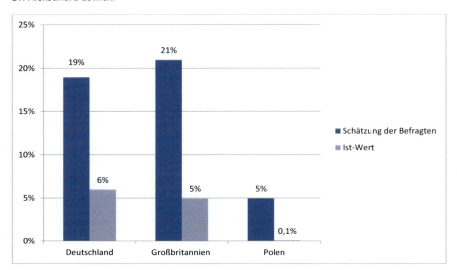

Grafik 7: Überschätzung des Anteils an Musliminnen und Muslimen
Ist-Werte und Schätzwerte auf die Frage „Wie viele Muslime gibt es Ihrer Meinung nach pro 100 Einwohner in Ihrem Land?" (Eigene Darstellung nach Ipsos 2015) © Minor

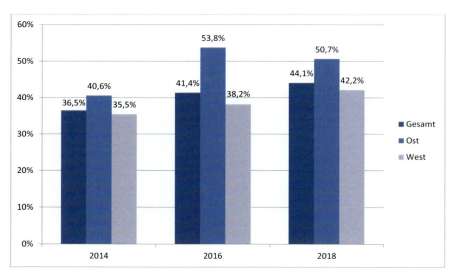

Grafik 8: Zuwanderungsverbot für Musliminnen und Muslime
Zustimmung von Deutschen zur Aussage: „Muslimen sollte die Zuwanderung nach Deutschland untersagt werden." (Eigene Darstellung nach Decker & Brähler 2018) © Minor

Ein weiterer wichtiger Indikator für die Wahrnehmung von Musliminnen und Muslimen als „Andere" ist die Antwort auf die Frage, ob ihnen die Zuwanderung nach Europa verboten werden sollte. Auch hier stieg in den letzten Jahren die Zustimmung (Decker & Brähler 2018). Derzeit sind 44 % der Befragten in Deutschland für ein Einwanderungsverbot (siehe Grafik 8). Ähnliche Werte liefert die jüngste vergleichende Umfrage von Chatham House (2017): Danach ist sowohl in Deutschland als auch in Großbritannien etwa die Hälfte der Bevölkerung der Meinung, die Migration aus vorwiegend muslimischen Staaten solle untersagt werden (siehe Grafik 9). In Polen liegt der Anteil bei 71 %. Bemerkenswert hierbei ist, dass die hohen Zustimmungswerte nicht in Zusammenhang mit erhöhten Einwanderungszahlen stehen: Sowohl die polnische als auch die britische Regierung weigerten sich, im Zuge der humanitären Krise an den Grenzen Europas Geflüchtete aufzunehmen.

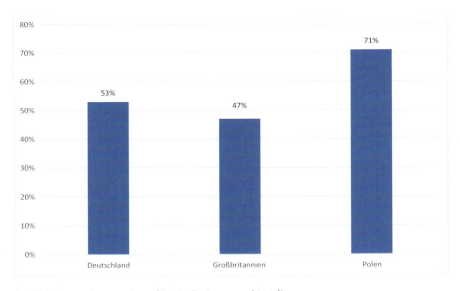

Grafik 9: Zuwanderungsstopp für Musliminnen und Muslime
Zustimmung zur Aussage: „Eine weitere Migration aus hauptsächlich muslimischen Ländern sollte gestoppt werden." (Eigene Darstellung nach Chatham House 2017) © Minor

Dr. Aleksandra Lewicki

2.2. Systematische Benachteiligungserfahrungen

Im Gegensatz zur gut dokumentierten Einstellungsdimension ist der Wissensstand zur Verteilung symbolischer und gesellschaftlicher Ressourcen in den drei hier betrachteten Ländern ambivalent. Da für Polen lediglich anekdotische Befunde über systematische Benachteiligung und Alltagserfahrungen vorliegen, wird sich der Vergleich auf dieser Ebene auf Deutschland und Großbritannien konzentrieren.

Grundsätzlich ist die Rechtslage in Großbritannien v. a. für den öffentlichen Sektor robust: Für öffentliche Einrichtungen wie Krankenhäuser oder Universitäten gibt es rechtliche Auflagen, Menschen gleich zu behandeln, sowie dahingehende Maßnahmen zu dokumentieren. Zudem ist die Datenlage in Großbritannien gut. Die Zensusdaten, über die seit 2001 auch Religionszugehörigkeit abgefragt wird, werden regelmäßig analysiert, um nachvollziehen zu können, welche Chancen bestimmte Bevölkerungsgruppen haben. Im letzten umfassenden Bericht der Equalities and Human Rights Commission (2018) wurde zum wiederholten Mal deutlich, dass Musliminnen und Muslime, wenn sie z. B. aus Pakistan und Bangladesch stammen,

- häufiger von Arbeitslosigkeit betroffen,
- stärker im Niedriglohnsektor vertreten
- sowie mit deutlich höherer Wahrscheinlichkeit in einem prekären Arbeitsverhältnis beschäftigt sind.

Das betrifft nicht nur Eingewanderte, sondern auch die folgenden Generationen, also Menschen, die in Großbritannien geboren sind. Die Trends sind umso aufschlussreicher, da ethnische Minderheiten im Vergleich zur restlichen Bevölkerung über durchschnittlich höhere Bildungsabschlüsse verfügen. Wenn solch hohe Bildungsabschlüsse nicht in entsprechende Beschäftigungsverhältnisse übersetzt werden können, liegt ein deutlicher Indikator für Diskriminierung vor. Zudem zeigt der McGregor Smith Review (2017), dass die *British Ethnic Minority Population* in Führungspositionen eklatant unterrepräsentiert ist: Obwohl sie 14 % der Gesamtbevölkerung und 10 % der Beschäftigten ausmacht, gehören nur 6 % der Führungskräfte der britischen Minderheitenbevölkerung an. Immerhin ist der britischen Regierung zugutezuhalten, dass sie sich bemüht, diesen Missstand zu beheben. So wirbt das Wirtschaftsministerium mit Plakaten dafür, Menschen der *British Ethnic Minority Population* einzustellen. Die Botschaft:

„Improved BME [Black and Minority Ethnic, A. L.] workplace progression could be worth £ 24 billion a year to the UK economy."

Abbildung 7: Dr. Aleksandra Lewicki

In Deutschland ist es schwieriger, sich einen Überblick über die Verteilung symbolischer und materieller Ressourcen zu verschaffen. Denn hier wird nur ein Mikrozensus erhoben, der mit der vagen Kategorie „Migrationshintergrund" arbeitet. Dabei umfasst die Unterkategorie „Herkunftsland europäische Nicht-EU-Staaten" v. a., aber eben nicht nur, die türkischstämmige Minderheit, während die Unterkategorie „Herkunftsland Nordafrika" Menschen u. a. aus Ägypten, Marokko und Tunesien einschließt. Auf dieser Basis lassen sich keine verlässlichen Angaben über die Diskriminierung von Menschen machen, die sich selbst als Musliminnen und Muslime beschreiben oder die als solche wahrgenommen werden. Der Mikrozensus und seine Auswertung im Auftrag der Bundeszentrale für politische Bildung (bpb 2018) liefert dennoch Indizien dafür, dass Bevölkerungsgruppen, die aus Nordafrika und den europäischen Nicht-EU-Staaten stammen,

- eine deutlich geringere Anzahl Erwerbstätiger pro Haushalt aufweisen,
- über ein geringeres Haushaltsnettoeinkommen verfügen,
- stärker im Niedriglohnsektor vertreten sind und
- als Kinder und Jugendliche mit sehr viel höherer Wahrscheinlichkeit Schulen auf niedrigem oder mittlerem Bildungsniveau besuchen, auch wenn ihre Eltern sehr hohe Bildungsabschlüsse haben.

Untermauert werden diese Ergebnisse von Fallstudien, die zeigen, dass Menschen, die als Musliminnen und Muslime wahrgenommen werden, auf dem Arbeitsmarkt häufig benachteiligt werden (u. a. Weichselbaumer 2016). Außerdem sind auch in Deutschland Musliminnen und Muslime sowie Menschen mit Einwanderungsgeschichte im Vergleich zu ihrem Anteil an der Gesamtgesellschaft in Führungspositionen unterrepräsentiert. Es liegt also ein ähnliches Muster wie in Großbritannien vor, das jedoch weniger präzise erfasst ist. Obwohl zahlreiche Studien Mechanismen institutioneller Diskriminierung in verschiedenen gesellschaftlichen Bereichen nachgewiesen haben (Fereidooni & El 2016, Lewicki 2017), sind deren Auswirkungen in Deutschland bisher unzureichend dokumentiert. Der Datenreport der Bundeszentrale für politische Bildung, der den vorhandenen Wissensstand abbildet, bringt z. B. geringere Arbeitsmarktpartizipation nicht mit Diskriminierung in Zusammenhang, sondern beschreibt diese ergebnisoffener als Benachteiligung – und stellt sie in Zusammenhang mit „Abhängigkeit von Transferleistungen" (bpb 2018: 37). Diese Darstellung ist insofern suggestiv, als Diskriminierungserfahrungen nicht zur Sprache kommen und die davon Betroffenen lediglich als Belastung für öffentliche Kassen in Erscheinung treten. Hier wird also im Gegensatz zum zuvor genannten Beispiel Großbritannien nicht gewürdigt, dass Diskriminierung die Betroffenen wie auch die gesamte Gesellschaft benachteiligt – auch ökonomisch.

2.3. Hasskriminalität

Hasskriminalität ist in den letzten Jahren in vielen europäischen Ländern enorm angestiegen, auch in Polen, Deutschland und Großbritannien. In Polen erfasste die offizielle Statistik der Staatsanwaltschaft 1.449 Straftaten mit rassistischem Hintergrund im Jahr 2017 (Prokuratura Krajowa 2018). Ein Drittel davon waren Hassverbrechen im Internet, 220 Straftaten beinhalteten körperliche Übergriffe. Bei den Opfern waren Menschen muslimischer Religionszugehörigkeit am häufigsten vertreten: 328 Hassverbrechen richteten sich gegen Menschen muslimischer, 112 gegen Menschen jüdischer Religionszugehörigkeit und 98 gegen *people of color*. Diese Zahlen sind beängstigend hoch, gerade wenn wir berücksichtigen, wie wenige Musliminnen und Muslime in Polen leben.

In Deutschland wurde Islamfeindlichkeit 2017 zum ersten Mal als eigene Kategorie in der Kriminalitätsstatistik erfasst. In diesem Jahr gab es laut Bundesinnenministerium etwa 950 Angriffe auf Musliminnen und Muslime sowie Moscheen in Deutschland (Süddeutsche Zeitung 2018). Zudem erfolgten 1.903 Übergriffe auf Geflüchtete sowie 312 Straftaten gegen Unterkünfte für Geflüchtete (BMI 2018). 2015 und 2016 waren letztere disproportional angestiegen und hatten sich verfünffacht. 2017 und 2018 wurden zwar in diesem Bereich weniger Delikte erfasst, die Hasskriminalität bleibt aber trotzdem auf einem erschreckend hohen Niveau.

Ein ähnliches Bild zeigt sich in Großbritannien. Im Erhebungszeitraum 2016/17 gab es bei rassistischen Hassverbrechen einen Anstieg um 67 %, bei religiös motivierten Hassverbrechen gar einen Zuwachs von 163 % (Equalities and Human Rights Commission 2018: 136). Nichtregierungsorganisationen geben weiteren Aufschluss über die Betroffenengruppen. Der Community Security Trust erfasste 1.382 antisemitische Vorfälle im Jahr 2017 (ebd.), während Tell MAMA (2018) im selben Erhebungszeitraum 1.201 antimuslimische Hassverbrechen dokumentierte, wovon 30 % im Internet und 70 % in der Öffentlichkeit begangen wurden.

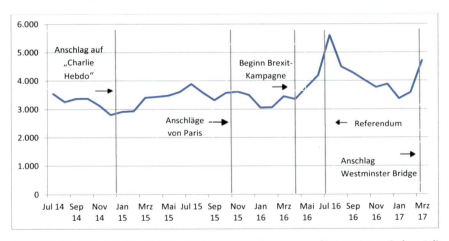

Grafik 10: Rassistisch oder religiös motivierte Gewalttaten in Großbritannien zwischen Juli 2014 und März 2017
Zusammenhang zwischen der Anzahl an Gewalttaten und politischen Ereignissen wie dem Attentat auf die Zeitschrift „Charlie Hebdo" und der Brexit-Kampagne (Eigene Darstellung nach O'Neill 2017) © Minor

Es wird deutlich, dass der Anstieg von Hassverbrechen in direktem Zusammenhang mit dem Referendum über den Verbleib Großbritanniens in der EU steht:

Dr. Aleksandra Lewicki

Zu Beginn der Brexit-Kampagne im Frühjahr 2016 verzeichnete die Statistik einen deutlichen Anstieg von Hasskriminalität (siehe Grafik 10). Sie erreichte zur Abstimmung am 23. Juni 2016 einen Höhepunkt und blieb auch in den Folgemonaten höher als in der Zeit vor der Debatte um den Austritt aus der EU (O'Neill 2017). Die „Leave"-Kampagne mobilisierte in der Tat dezidiert rassistische Motive und stellte auch islamophobe Bezüge her. So suggerierte die UK Independence Party (UKIP), dass Großbritannien im Zuge der EU-Osterweiterung von EU-Bürgerinnen und -Bürgern aus Mittel- und Osteuropa „überflutet" worden sei. Gleichzeitig behauptete der Vorsitzende von UKIP, Nigel Farage, vor Plakaten, die Geflüchtete auf dem Weg nach Europa abbildeten, dass die EU unregulierter Einwanderung aus islamischen Herkunftsländern Tür und Tor öffne. Die Debatte um das Referendum hatte dabei zum einen eine enthemmende Wirkung hinsichtlich Hasskriminalität, zum anderen trug sie dazu bei, dass Gewaltakte sich vermehrt gegen als nicht zugehörig rassialisierte Bevölkerungsgruppen richteten.

3. Fazit

Antimuslimischer Rassismus entstammt der europäischen Geschichte und erlebt derzeit eine besonders virulente Hochphase. Rassistische Einstellungen gegenüber Musliminnen und Muslimen sind in Europa besorgniserregend angestiegen und werden in verschiedenen europäischen Ländern von etwa der Hälfte der Bevölkerung getragen. Dabei zeigen die vorgestellten vergleichenden Datensätze, dass Islamophobie auch dort weitverbreitet ist, wo sehr wenige Musliminnen und Muslime leben (etwa in Polen oder in den neuen Bundesländern). Das macht deutlich: Antimuslimischer Rassismus hängt weniger mit dem Anteil der muslimischen Bevölkerung an der Gesamtbevölkerung zusammen, sondern muss vor dem Hintergrund politischer Ereignisse und Mobilisierung gesehen werden. Rechtspopulistische Parteien haben in den letzten Jahren zusätzlich dazu beigetragen, Frustrationen über Fragen der Ungleichverteilung gesellschaftlicher Ressourcen (etwa im Zuge der deutschen Wiedervereinigung, des Beitritts von Polen zur EU oder drastischer Kürzungen im britischen öffentlichen Sektor) erfolgreich in Debatten um Fragen der kulturellen Identität umzulenken. Antimuslimischer Rassismus bietet eine scheinbar simple Antwort auf viele offene Fragen, deren Lösung suggestiv mit der Beschränkung der Freiheiten oder der Einwanderung „des ewig Anderen" verknüpft wird. Gleichzeitig dient Islamophobie den neuen rechtsextremen Parteien in Europa u. a. als Kitt und untermauert als einigendes Element den Zusammenhalt ihrer Allianzen.

Der empirische Wissensstand zeigt, dass Menschen, die sich selbst als Musliminnen und Muslime bezeichnen oder als solche wahrgenommen werden, in Europa disproportional gesellschaftlich benachteiligt werden, wobei ihre Erfahrungen zu selten als eine Form der Diskriminierung verstanden werden. Wird die systematische Benachteiligung als solche erkannt, wird zu wenig dagegen unternommen. Gleichzeitig ist die körperliche Unversehrtheit von Menschen muslimischer Religionszugehörigkeit akut bedroht und ihre Gotteshäuser bekommen nur unzureichenden Schutz. Es wird Zeit, dass Europa seinen historischen und aktuellen Beitrag zum Erhalt und zum Erstarken von Rassismus anerkennt. Vor allem aber müssen dem gegenwärtigen Wissensstand über die Virulenz des antimuslimischen Rassismus Taten folgen.

Dr. Aleksandra Lewicki

Literaturverzeichnis

Attia, I., 2009: Die „Westliche Kultur" und ihr Anderes. Zur Dekonstruktion von Orientalismus und antimuslimischem Rassismus. Bielefeld: transcript.

[bpb] Bundeszentrale für politische Bildung, 2018: Datenbericht: Sozialbericht für die Bundesrepublik Deutschland. Bonn: bpb.

[BMI] Bundesministerium des Inneren, für Bau und Heimat, 2018: Politisch motivierte Kriminalität im Jahr 2017. Bundesweite Fallzahlen. Berlin: BMI.

Chatham House, 2017: What do Europeans Think about Muslim Immigration. https://www.chathamhouse.org/expert/comment/what-do-europeans-think-about-muslim-immigration (19.12.2018).

Decker, O. / Brähler, E. (Hrsg.), 2018: Flucht ins Autoritäre. Rechtsextreme Dynamiken in der Mitte der Gesellschaft. Gießen: Psychosozialverlag.

Equalities and Human Rights Commission, 2018: Is Britain Fairer? The State of Equality and Human Rights in Britain. London: Equalities and Human Rights Commission.

Fereidooni, K. / El, M., 2016: Rassismuskritik und Widerstandsformen. Wiesbaden: VS Verlag.

Fredrickson, G. M., 2002: Racism. A Short History. Princeton and Oxford: Princeton University Press.

Hall, S., 2004: Ideologie, Identität, Repräsentation. Ausgewählte Schriften. Hamburg: Argument Verlag.

Ipsos, 2015: Anzahl von Muslimen weltweit überschätzt, Presseinformationen. https://www.ipsos.com/sites/default/files/2017-03/Ipsos-PI_POP_Muslime%26Christen_Feb2015.pdf (19.12.2018).

Kalmar, I., 2012: Early Orientalism. Imagined Islam and the Notion of Sublime Power. London and New York: Routledge.

Lentin, A., 2008: Racism. A Beginners Guide. Oxford: Oneworld.

Lewicki, A., 2017: Christliche Wohlfahrtsverbände: Vielfalt und Diskriminierung in der Seniorenpflege (Expertise). Berlin: Mediendienst Integration.

Lewicki, A., 2018: Race, Islamophobia and the Politics of Citizenship in Post-Unification Germany. Patterns of Prejudice 52 (5): 496-512.

McGregor Smith Review, 2017: Race in the Workplace. London: Department for Business, Energy and Industrial Strategy.

O'Neill, A., 2017: Hate Crime England and Wales 2016/2017, Statistical Bulletin 17/17. London: Home Office.

Pew Research Center, 2018: Eastern and Western Europeans Differ on Importance of Religion, Views of Minorities, and Key Social Issues. http://www.pewforum.org/2018/10/29/eastern-and-western-europeans-differ-on-importance-of-religion-views-of-minorities-and-key-social-issues/ (19.12.2018).

Prokuratura Krajowa, 2018: WYCIĄG ze sprawozdania dotyczącego spraw prowadzonych w 2014r. w jednostkach organizacyjnych prokuratury z pobudek rasistowskich lub ksenofobicznych. https://pk.gov.pl/dzialalnosc/sprawozdania-i-statystyki/ (19.12.2018).

Renton, J. / Gidley, B. (Hrsg.), 2017: Antisemitism and Islamophobia in Europe. A Shared Story? London: Palgrave Macmillan.

Rommelspacher, B., 2009: Was ist Rassismus? S. 25-38 in C. Melter / P. Mecheril (Hrsg.), Rassismuskritik. Band I: Rassismustheorie und -forschung (Politik und Bildung). Frankfurt am Main: Wochenschau Verlag.

Runnymede Trust, 1997: Islamophobia. A Challenge for Us All. London: Runnymede Trust.

Said, E., 1978: Orientalism. London, New York: Penguin.

Shooman, Y., 2014: „ ...weil ihre Kultur so ist": Narrative des anti-muslimischen Rassismus. Bielefeld: transcript.

Süddeutsche Zeitung, 2018: 2017 gab es mindestens 950 Angriffe auf Muslime und Moscheen. https://www.sueddeutsche.de/politik/islamfeindlichkeit-in-deutschland-gab-es-mindestens-angriffe-auf-muslime-und-moscheen-1.3891042 (19.12.2018).

Tell Mama, 2018: Beyond the Incident. Outcomes for Victims of Anti-Muslim Prejudice. London: Faith Matters. https://tellmamauk.org/wp-content/uploads/2018/07/Tell-MAMA-Report-2017.pdf (19.12.2018).

Weichselbaumer, D., 2016: Discrimination against Female Migrants Wearing Headscarves, IZA Discussion Paper 10217. Bonn: Institute of Labour Economics.

Erkenntnisse aus der Praxis. Europäische Expertinnen berichten über den Umgang mit Muslimfeindlichkeit im Rahmen ihrer Arbeit für staatliche oder zivilgesellschaftliche Initiativen

Dr. Christiane Fritsche

Teil der internationalen Tagung waren zwei von Tanja Berg (Minor) moderierte Hearings mit europäischen Expertinnen zu ihrer Arbeit gegen Muslimfeindlichkeit. Der folgende Beitrag basiert sowohl auf den Hearings als auch auf zusätzlich mit den Expertinnen geführten Einzelinterviews. Im Zentrum standen die Arbeitsweisen der einzelnen Projekte und Organisationen, spezifische und länderübergreifende Herausforderungen sowie Fortschritte sowohl bei der Arbeit der einzelnen Initiativen als auch generell im Kampf gegen Muslimfeindlichkeit in Europa. Von ihren Erfahrungen berichteten:

- **Imane El Morabet** vom Interföderalen Zentrum für Chancengleichheit Unia,
- **Isis Koral** vom Collectif Contre l'Islamophobie en France (CCIF),
- **Nina Mühe** von CLAIM – Allianz gegen Islam- und Muslimfeindlichkeit,
- **Julie Pascoët** vom European Network Against Racism (ENAR),
- **Dr. Ariadna Solé Arraràs** von Stop als Fenòmens Islamòfobs (SAFI) und
- **Rena Zetzsche** von La Red, Projekt „WIR HIER! Kein Platz für Muslimfeindlichkeit in Europa – Migrantenorganisationen im Dialog".

Dr. Christiane Fritsche

1. Schwerpunkte im Kampf gegen Muslimfeindlichkeit

1.1. Das European Network Against Racism

Als paneuropäisches Netzwerk von mehr als 150 NGOs kämpft ENAR gegen alle Formen von Rassismus, nicht nur gegen Islamophobie. Julie Pascoët erklärt:

> „Wir wollen Verbesserungen für alle Menschen erreichen, die von Rassismus und Ungleichheit betroffen sind. Unsere zentralen Fragen sind: Wie können wir die Menschen, die unter Rassismus leiden, stärken und sie besser organisieren? Wie können wir sicherstellen, dass ENAR als zentraler Interessenvertreter wahrgenommen wird, der Lösungen gegen Rassismus hat? Und wie schaffen wir es, dass diese Lösungen auch umgesetzt werden?"

Um dies zu erreichen, baut ENAR einerseits Kontakte zu europäischen Institutionen auf, die im Arbeitsfeld Rassismus tätig sind, und vernetzt andererseits NGOs in ganz Europa, um Koalitionen zu bilden und die Kapazitäten der Zivilgesellschaften zu stärken.

European Network Against Racism (ENAR)

Gründungsjahr: 1998

Sitz: Brüssel

Leitung: Michaël Privot

Zahl der Mitarbeitenden: 12

Mehr Informationen: www.enar-eu.org

Im Kampf gegen Muslimfeindlichkeit ist für ENAR der Aufbau von Wissen zentral, also das Zusammentragen von islamophoben Vorfällen, um ein möglichst genaues Bild zu bekommen. Daher veröffentlicht ENAR Reports zu bestimmten Themen wie z. B. 2016 „Forgotten Women" zu den Auswirkungen von Islamophobie auf muslimische Frauen. Darüber hinaus will das Netzwerk erreichen, dass das Problem Islamfeindlichkeit auf politischer Ebene anerkannt wird und sich die Politik verändert. Julie Pascoët betont: „Wir kennen das Phänomen. Wir haben Umfragen, wir haben Daten. Nun ist es Zeit, über Antworten zu sprechen."

So hat das Netzwerk kürzlich ein Symposium zu Intersektionalität organisiert, um Einfluss auf den Gesetzgebungsprozess zu nehmen und zu erreichen, dass neue Gesetze trotz gut gemeinter Absichten nicht die Situation für einige Gruppen verschlechtern. Um den Themen, die ENAR wichtig sind, mehr Sichtbarkeit zu verleihen und um ein Bewusstsein für Islamophobie zu schaffen, sind die Medien von elementarer Bedeutung. Bei ENAR sind deswegen zwei Mitarbeitende für Kommunikation zuständig und pflegen auf EU-Ebene Kontakte wie zur Onlinezeitung „EUobserver".

2015 erreichte ENAR, dass erstmals ein EU-Koordinator zur Bekämpfung von Islamfeindlichkeit ernannt wurde. Dass das Thema damit auf institutioneller politischer Ebene anerkannt wurde, war für das Netzwerk ein großer Erfolg. Julie Pascoët betont:

> „Die EU-Kommission hat die Einsetzung des Koordinators auf einem Colloquium bekanntgegeben. Vor diesen wichtigen Terminen machen wir immer Druck, damit die Verantwortlichen etwas Handfestes verkünden. Das ist damit geschehen. Die Einsetzung des EU-Koordinators war eine wichtige Botschaft."

Allerdings blieb die konkrete Ausgestaltung der neuen Stelle unklar. Die EU-Kommission legte nicht fest, welche Befugnisse der Koordinator hat und welche konkreten Maßnahmen er umsetzen sollte. Obwohl sich ENAR-Vertreterinnen und Vertreter oft mit David Friggieri und später mit seinem Nachfolger Tommaso Chiamparino getroffen haben, ist wenig passiert. Julie Pascoët kritisiert:

> „Wir sind glücklich, dass das Thema Muslimfeindlichkeit auf der Tagesordnung steht, aber wir sind nicht glücklich damit, dass die Position des Koordinators faktisch nicht ausgefüllt wird. Es gibt keinen Maßnahmenplan, kein Fachwissen, keine Kontakte zu NGOs an der Basis. Der Koordinator hat mal hier, mal dort ein öffentliches Statement abgegeben, aber das waren alles adhoc-Maßnahmen. Es fehlt eine Vision."

Deswegen hat sich ENAR bei der Ernennung von Chiamparino zum neuen EU-Koordinator zur Bekämpfung von Islamfeindlichkeit im Sommer 2018 in einem offenen Brief an die EU-Kommission gewandt. „Wir haben all das aufgezählt, was uns bisher missfallen hat", berichtet Julie Pascoët. „Das war eine sehr machtvolle Botschaft. So haben wir erreicht, dass sich Vertreterinnen und Vertreter der EU-Staaten Anfang Dezember 2018 bei einem Treffen über Islamophobie austauschten."

Derzeit setzt sich ENAR v. a. für EU-Standards für nationale Maßnahmenpläne gegen Rassismus ein. Entsprechende Pläne gibt es zwar in einigen Staaten bereits, doch unterscheiden sie sich in ihrer Umsetzung. „Wir wünschen uns, dass die EU-Kommission den Mitgliedsstaaten Leitlinien an die Hand gibt. Auf diese Weise sollen die Länder angehalten werden, Maßnahmen gegen Rassismus zu ergreifen und z. B. Trainings für Verwaltungsangestellte anzubieten", erklärt Julie Pascoët.

Daneben ist ENAR ein Scharnier zwischen der EU und den europäischen Staaten. Einerseits hält ENAR die Mitglieds-NGOs über Entwicklungen in Brüssel auf dem Laufenden, damit diese in ihren Ländern für die Umsetzung bestimmter Vorgaben sorgen können. „So machen wir doppelt Druck für unsere Sache: auf EU-Ebene und auf nationaler Ebene", erklärt Julie Pascoët. Andererseits sammelt ENAR über die NGOs Informationen über die Umsetzung der europäischen Gleichstellungsgesetze in den einzelnen EU-Staaten. Wenn entsprechende Vorgaben nicht realisiert werden, wendet sich ENAR an das Parlament oder an die Kommission und hält sie an zu reagieren. Unterstützung für seine Bemühungen bekommt das Netzwerk v. a. von der Fraktion der Progressiven Allianz der Sozialdemokraten im Europäischen Parlament und von einigen Abgeordneten, die selbst von Rassismus betroffen sind wie Soraya Post aus Schweden.

Neben Versuchen, die Politik auf EU-Ebene im Sinn von ENAR zu beeinflussen, setzt das Netzwerk auf Professionalisierung und bietet Trainings für NGOs u. a. zu Fundraising und Kommunikation an. „Damit helfen wir den NGOs, besser gehört zu werden und ihre Themen zu präsentieren", erläutert Julie Pascoët.

Eine weitere Strategie im Kampf gegen Islamophobie ist die Stärkung positiver Narrative, um den weit verbreiteten stigmatisierenden Bildern, wie etwa vom radikalen muslimischen Mann oder der unterdrückten muslimischen Frau, entgegenzutreten. Julie Pascoët zählt die wichtigsten Gegenbotschaften auf:

> „Wir sind stolz darauf, muslimisch zu sein. Musliminnen und Muslime haben Menschenrechte, die durch Islamophobie verletzt werden. Wir sind keine Minderheit, sondern haben viele Verbündete, die Muslimfeindlichkeit als Problem anerkennen. In ganz Europa gibt es eine wachsende Widerstandsbewegung gegen Islamophobie."

Erkenntnisse aus der Praxis

Abbildung 8: Julie Pascoët

Zentral ist dabei für ENAR, in der Öffentlichkeit nicht die Tatsache zu rechtfertigen, dass Musliminnen und Muslime in Europa leben, um so nicht das Vorurteil zu verstärken, dass sie ein Problem sind.

Hand in Hand mit der Verbreitung positiver Botschaften geht die Dekonstruktion aktueller Narrative über Radikalisierung, Sicherheit und Terrorismus. Denn in den Augen von ENAR konzentriert sich die Politik derzeit v. a. auf Terrorbekämpfung und Radikalisierungsprävention. Julie Pascoët weist darauf hin, dass Präventionsmaßnahmen auch kontraproduktive Effekte haben können, wenn sie nicht potenzialorientiert und stigmatisierungsfrei konzipiert sind. So führe eine defizitorientierte Ansprache von spezifischen Zielgruppen teilweise dazu, dass etwa die Polizei eine stigmatisierende Haltung gegenüber bestimmten Gruppen einnehme.

Generell ist es ENAR wichtig, dass die Menschen, die von antimuslimischem Rassismus betroffen sind, an der Spitze der Gegenbewegung stehen.

> „Wir brauchen eine ausgewogene Strategie im Kampf gegen Muslimfeindlichkeit. Es ist gut, Verbündete zu haben. Manchmal ist es sinnvoll, dass sich Nicht-Musliminnen und Nicht-Muslime gegen Islamophobie stark machen. Aber wir müssen sicherstellen, dass v. a. die Betroffenen eine Stimme haben und gehört werden", so Julie Pascoët.

Daneben bildet ENAR Allianzen mit anderen Organisationen wie feministischen Bewegungen. „Intersektionalität ist eine großartige Möglichkeit, um mehr Solidarität zu erreichen. Denn Islamophobie betrifft nicht nur Musliminnen und Muslime", unterstreicht Julie Pascoët.

Dabei gilt es für ENAR zu akzeptieren, wie vielfältig die Bewegung gegen Rassismus und Muslimfeindlichkeit ist, und dass es deswegen verschiedene Strategien gibt. Julie Pascoët erklärt:

> „Manche NGOs versuchen überhaupt nicht mehr, auf Institutionen einzuwirken, sondern konzentrieren ihre Ressourcen ganz auf die Gruppen, die sie vertreten. Andere NGOs und auch ENAR wollen als Interessenvertreter wahrgenommen werden und Lösungsansätze anbieten. Zum Teil verstehen NGOs die Ansätze und Strategien anderer nicht."

Weil ENAR im Europawahlkampf 2019 mit einer massiven Mobilisierung muslimfeindlicher Botschaften rechnet, stellt das Netzwerk Empfehlungen für alle Kandidatinnen und Kandidaten zusammen, u. a. zum Thema: Wie erkennt man Rassismus in der Politik? Außerdem organisiert ENAR Treffen zwischen den verschiedensten Aktivistinnen und Aktivisten.

> „Die Europawahlen sind ein entscheidender Moment, um Solidarität zu fördern. In vielen europäischen Ländern versuchen Parteien, von Rassismus betroffene Gruppen gegeneinander auszuspielen, z. B. Homosexuelle gegen Musliminnen und Muslime oder Sinti und Roma gegen Geflüchtete. Dem versuchen wir entgegenzuwirken und gemeinsame Strategien zu entwickeln. Aber wir müssen noch mehr machen. Wir brauchen stärkere Koalitionen", so Julie Pascoët.

1.2. Das Interföderale Zentrum für Chancengleichheit Unia

Unia ist das belgische Pendant zur Antidiskriminierungsstelle des Bundes. Schließlich muss jeder EU-Staat über eine unabhängige Einrichtung verfügen, die Diskriminierung bekämpft und Chancengleichheit fördert. Vorläufer von Unia war das 1993 gegründete Zentrum für Chancengleichheit und Rassismusbekämpfung, dessen Befugnisse sich nach und nach auf nicht-rassistische Diskriminierungsformen ausweiteten. Heute hat das Interföderale Zentrum für Chancengleichheit im Vergleich zu den anderen europäischen Gleichstellungsstellen weitreichende Befugnisse und ist für 17 Merkmale im Sinne der Antidiskriminierungsgesetzgebung zuständig, darunter Rassismus, Behinderung, Alter und sexuelle Orientierung. Seit 2003 fällt auch Diskriminierung wegen des Glaubens oder der Weltanschauung in den Zuständigkeitsbereich von Unia.

Unia ist interföderal zuständig und wird damit in Belgien sowohl auf föderaler als auch auf regionaler und gemeinschaftlicher Ebene tätig. Das Zentrum für Chancengleichheit ermutigt die gesamte Gesellschaft und insbesondere Regierungsbehörden, öffentliche Einrichtungen und Unternehmen, Diskriminierung und Segregation zu bekämpfen. Außerdem unterstützt Unia jede Bürgerin und jeden Bürger, der der Ansicht ist, diskriminiert zu werden. Der Name der Institution stammt vom lateinischen *unio* für Einheit und Verbundenheit ab. „Dieses Wort bringt die Philosophie, die wir mit unserer Arbeit an den Tag legen, auf den Punkt: zum Dialog anregen, den sozialen Zusammenhalt stärken, darüber nachdenken, was uns vereint, und nicht ständig, was uns unterscheidet", heißt es auf der Homepage. International ist Unia als nationale Menschenrechtsinstitution anerkannt.

Interföderales Zentrum für Chancengleichheit Unia

Gründungsjahr: 1993

Sitz: Brüssel (Hauptsitz); 20 lokale Anlaufstellen in ganz Belgien

Leitung: Els Keytsman und Patrick Charlier

Zahl der Mitarbeitenden: 124

Mehr Informationen: www.unia.be

Um die Beschwerden von Einzelpersonen kümmern sich 35 Unia-Mitarbeitende mit unterschiedlichen Arbeitsschwerpunkten. So konzentriert sich Imane El Morabet auf Rechtsberatung im Bereich religiöse Diskriminierung und Diskriminierung auf dem Arbeitsmarkt. „Wir versuchen so gut wie möglich erreichbar zu sein", erklärt sie. Neben dem Hauptsitz in Brüssel gibt es 20 lokale Anlaufstellen, an die sich Betroffene wenden können. Außerdem hat Unia eine kostenlose Hotline, die von Montag bis Freitag zwischen 9 und 17 Uhr besetzt ist. Und natürlich kann man sich auch online an Unia wenden. Trotzdem erfährt das Interföderale Zentrum für Chancengleichheit längst nicht von allen Diskriminierungsfällen. Imane El Morabet erläutert: „Gerade im Bereich Islamophobie zeigen die Fälle, die uns gemeldet werden, das Problem bei Weitem nicht in seinem ganzen Ausmaß. Denn uns erreichen nur die Menschen, die ihre Rechte

Dr. Christiane Fritsche

kennen und die sich verteidigen können. Die marginalisierten Teile der Gesellschaft kommen nicht zu uns."

Sie verweist auf einen Bericht der Agentur der Europäischen Union für Grundrechte, wonach viele Europäerinnen und Europäer noch nie von der Gleichstellungsstelle in ihrem Land gehört haben. Imane El Morabet umreißt das Problem:

> „Viele Opfer von Diskriminierung kennen ihre Rechte also nicht. Sie wissen nicht, an wen sie sich wenden sollen. Und selbst wenn sie die Gleichstellungsstelle kennen, vertrauen sie ihr nicht, weil sie schon so oft von Institutionen diskriminiert worden sind. Sie fragen sich: Warum soll ich nun der Gleichstellungsstelle vertrauen?"

Neben der Beratung von Opfern bietet Unia für Gewerkschaftsmitarbeiterinnen und -mitarbeiter Train-the-Trainer-Schulungen, sodass die Teilnehmenden ihr neu erworbenes Wissen weitergeben können. Daneben gibt es Workshops zu den Antidiskriminierungsgesetzen für Lehrerinnen und Lehrer sowie für Sozialarbeiterinnen und Sozialarbeiter. Auch für Staatsanwältinnen und Staatsanwälte sowie für Richterinnen und Richter bietet Unia Schulungen an. Imane El Morabet erklärt:

> „In der Praxis wissen sie oft nicht genug über die Antidiskriminierungsgesetze. Deswegen gab es in der Vergangenheit im Bereich Religion einige sehr schwierige Gerichtsentscheidungen. Die Trainings für Richterinnen und Richter sowie Staatsanwältinnen und Staatsanwälte konzentrieren sich auf Islamophobie, Hassverbrechen und Hassrede."

Parallel zu ihrer täglichen Arbeit tauschen sich die Unia-Mitarbeiterinnen und Mitarbeiter im European Network of Equality Bodies (Equinet) mit ihren Kolleginnen und Kollegen aus den anderen europäischen Gleichstellungsstellen aus. „Unia ist sehr weit entwickelt: Wir sind gut erreichbar, wir haben viele Mitarbeiterinnen und Mitarbeiter, wir versuchen, nahe an den Opfern zu sein. Andere Gleichstellungsstellen können von uns lernen", meint Imane El Morabet. 2017 erschien ein Bericht zur Diskriminierung im Bereich Glaube/Weltanschauung, der Beispiele aus unterschiedlichen Ländern zusammentrug. „Dabei wurde deutlich, dass die meisten Fälle mit dem Islam zu tun haben. Wir können damit auf einer objektiven Ebene zeigen, dass es in Europa ein Problem mit Islamophobie gibt", fasst Imane El Morabet zusammen.

1.3. Das Collectif Contre l'Islamophobie en France

Die säkulare Menschenrechtsorganisation CCIF wurde im Jahr 2000 gegründet, als Muslimfeindlichkeit kaum ein Thema für Organisationen im Bereich Antirassismusarbeit war. Seit 2003 bekämpft das Collectif ausschließlich Islamophobie und ist dabei v. a. von der Basiserfahrung geprägt. Jeden Tag erhalten die 14 festangestellten und die vielen ehrenamtlichen Mitarbeiterinnen und Mitarbeiter Dutzende Anrufe von Opfern, die Unterstützung suchen.

Collectif Contre l'Islamophobie en France (CCIF)

Gründungsjahr: 2000
Sitz: Saint-Denis
Leitung: Jawad Bachare
Zahl der Mitarbeitenden: 14
Mehr Informationen: www.islamophbie.net

Das Hauptaugenmerk liegt auf der Hilfe für Betroffene – egal, ob sie Opfer von Diskriminierung, Hassreden oder offener Aggression sind. Isis Koral betont:

> „Wir unterstützen sie in rechtlicher und psychologischer Hinsicht. Wir begleiten sie und halten ihre Hand. Vor allem aber geben wir Musliminnen und Muslimen ihre Stimme zurück. Die Opfer sind oft traumatisiert. Es ist deswegen wichtig, ihnen ihr Selbstvertrauen zurückzugeben und ihnen zu zeigen, dass das Recht auf ihrer Seite ist."

Welchen Weg das CCIF einschlägt, hängt vom Einzelfall ab. In der Regel entscheidet sich die Organisation für Mediation. Dafür gibt es eine ganze Reihe von Gründen: Prozesse sind teuer, dauern lange und es besteht die Gefahr, vor Gericht zu unterliegen. Außerdem bringt ein Verfahren den Betroffenen oft nicht viel.

> „Die Menschen, die sich an das CCIF wenden, wollen beispielsweise ihren Job behalten. Sie wollen nicht gefeuert werden und sich dann wieder in ihre alte Firma reinklagen. Deswegen ziehen wir Mediation vor. Dabei lernt vielleicht sogar der Arbeitgeber dazu und wird in Zukunft hoffentlich nicht mehr Musliminnen und Muslime diskriminieren", so Isis Koral.

Vor Gericht zu gehen, ist für das CCIF nur der letzte Ausweg. Wenn sich die Organisation jedoch dafür entscheidet, ist sie in der Regel erfolgreich. „Wir wählen unsere Fälle sorgfältig aus", erklärt Isis Koral. „Bei den Burkini-Verboten durch verschiedene Bürgermeister haben wir alle Register gezogen. CCIF ist vor jedes Gericht gegangen, das infrage kam."

Neben der direkten Hilfe für die Opfer macht sich das CCIF dafür stark, dass Islamophobie als eine Form von Diskriminierung anerkannt wird. „Wir wollen ein Umdenken in der Bevölkerung erreichen. Denn heute streiten viele Franzosen ab, dass es Muslimfeindlichkeit überhaupt gibt", betont Isis Koral. Deshalb veröffentlicht das CCIF einmal pro Jahr die von ihm erhobenen Daten zu islamophoben Vorfällen. Sie unterscheiden sich erheblich von der offiziellen Statistik des französischen Innenministeriums, denn dort tauchen nur die Fälle auf, die zu einer Strafanzeige geführt haben. National und international ist das CCIF daher ein wichtiger Ansprechpartner für Daten zu Islamophobie in Frankreich. Isis Koral berichtet:

> „Der Europäische Rat und die Organisation für Sicherheit und Zusammenarbeit in Europa (OSZE) greifen auf unsere Zahlen zurück. Die Agentur der Europäischen Union für Grundrechte fordert uns regelmäßig dazu auf, sie bei verschiedenen Projekten zu unterstützen und zu beraten, und beim Wirtschafts- und Sozialrat der Vereinten Nationen haben wir einen beratenden Status."

Um Musliminnen und Muslime über ihre Rechte aufzuklären und ihnen Werkzeuge an die Hand zu geben, damit sie sich selbst verteidigen können, bietet das CCIF zudem Workshops an. „Das ist in der aktuellen politischen Lage und vor dem Hintergrund der Antiterrorgesetze und der Verbote zum Zeigen religiöser Symbole umso wichtiger", meint Isis Koral und setzt hinzu:

> „Wir würden diese Themen gern auch an Schulen diskutieren wie in England, wo Organisationen, die Muslimfeindlichkeit bekämpfen, mit Schülerinnen und Schülern sprechen und Gegennarrative zu den weit verbreiteten islamophoben Botschaften bieten können. Leider ist das im laizistischen Frankreich nicht möglich."

1.4. Stop Als Fenòmens Islamofòbs

Die unabhängige NGO besteht seit 2016. „Bei der Gründung haben wir uns stark am CCIF orientiert", erzählt Dr. Ariadna Solé Arraràs. Weil es in Spanien kaum Zahlen zu Islamophobie gibt, hat SAFI bisher in erster Linie Daten und Fakten zusammengetragen. Dr. Ariadna Solé Arraràs berichtet:

> „Unser wichtigstes Projekt war das Forschungsprojekt ‚La pràctica religiosa de les comunitats musulmanes de Barcelona. Expressions i Problemàtiques' im Auftrag des Stadtrats von Barcelona zu den muslimischen Communitys in der Stadt – eine Art Bestandsaufnahme. Basierend darauf entwarf der Stadtrat einen kommunalen Maßnahmenplan zur Bekämpfung von Islamophobie, der 2016 verabschiedet wurde."

SAFI führte auch den Beratungsprozess zur Ausarbeitung des kommunalen Maßnahmenplans durch. Dazu gehörten Experteninterviews und Gespräche mit Vertreterinnen und Vertretern verschiedener Gruppen, darunter die muslimischen Communitys und Organisationen, die gegen Rassismus und Diskriminierung arbeiten. Dabei war SAFI wichtig, auch muslimische Frauen sowie junge Musliminnen und Muslime einzubeziehen. „Wir wollten ihre Stimmen hören. Vor allem die junge Generation hat eigene Visionen, unabhängig von der Migrationserfahrung der älteren Musliminnen und Muslime", erklärt Dr. Ariadna Solé Arraràs. Daneben hat SAFI in einer Studie die Diskriminierung von muslimischen Frauen auf dem Arbeitsmarkt untersucht und dabei herausgefunden, dass einige Frauen nicht einmal ihre Berufsausbildung abschließen konnten, weil sie wegen ihres Kopftuchs keinen Praktikumsplatz bekamen.

Stop Als Fenòmens Islamofòbs (SAFI)

Gründungsjahr: 2016

Sitz: Barcelona

Leitung: Mustapha Aoulad Sellam

Zahl der Mitarbeitenden: 8

Mehr Informationen:
www.saficatalunya.webs.com

Dr. Christiane Fritsche

Im Rahmen des kommunalen Maßnahmenplans zur Bekämpfung von Islamophobie führt SAFI Trainings für Beschäftigte in der Verwaltung, Sozialarbeiterinnen und Sozialarbeiter, Polizistinnen und Polizisten sowie Lehrerinnen und Lehrer durch und bietet Workshops für Musliminnen und Muslime an, um diese über ihre Rechte aufzuklären. Um darüber hinaus in der Öffentlichkeit ein Bewusstsein für Muslimfeindlichkeit zu schaffen, organisiert SAFI Veranstaltungen, etwa am internationalen Tag gegen Islamophobie. Zum 25. Jahrestag des Abkommens zwischen dem Staat und der Islamischen Kommission Spaniens im Jahr 2017 veranstaltete SAFI eine Konferenz, an der neben Vertreterinnen und Vertretern der muslimischen Communitys auch Politikerinnen und Politiker teilnahmen. Außerdem nutzt die Organisation die sozialen Medien. „Wir haben eine YouTube-Kampagne zu den Auswirkungen gestartet, die der Terroranschlag vom 17. August 2017 in Barcelona auf das Leben von Musliminnen und Muslimen hatte", berichtet Dr. Ariadna Solé Arraràs. Und schließlich macht sich SAFI dafür stark, den Kampf gegen Islamophobie von Projekten zur Radikalisierungsprävention zu trennen. Dr. Ariadna Solé Arraràs erklärt: „Einige Programme der katalanischen Regierung vermischen Extremismusprävention und Maßnahmen gegen Muslimfeindlichkeit. Damit unterstellt man den Opfern von Islamophobie, potenzielle Terroristen zu sein."

Für die Zukunft hat SAFI viele Pläne: In einem nächsten Schritt soll eine zentrale Beobachtungsstelle zur systematischen Erfassung islamophober Vorfälle entstehen. Sie soll über Muslimfeindlichkeit berichten, das Ausmaß der Diskriminierung u. a. auf dem Arbeitsmarkt deutlich machen und, wenn nötig, Strafverfahren einleiten. Außerdem möchte SAFI ähnlich wie das CCIF die Opfer von Muslimfeindlichkeit unterstützen und Rechtsberatung sowie psychologische Unterstützung anbieten.

1.5. CLAIM – Allianz gegen Islam- und Muslimfeindlichkeit

Das vom BMFSFJ geförderte Projekt wurde 2017 ins Leben gerufen. Im ersten Jahr lag das Hauptaugenmerk von CLAIM auf der Vernetzung von Organisationen, die sich bundesweit gegen Islam- und Muslimfeindlichkeit stark machen. Nina Mühe berichtet:

> „Der Bedarf war bei vielen schon lange da. Es ist allerdings für die Organisationen schwierig, sich zusätzlich zum täglichen Geschäft um den Aufbau eines Netzwerks zu kümmern. Deswegen muss CLAIM dafür nicht groß werben. Zum Teil

Erkenntnisse aus der Praxis

wenden sich Organisationen von sich aus an uns und wollen Teil der Allianz werden. Vor allem außerhalb großer Städte gibt es nicht allzu viele Organisationen, die sich mit Muslimfeindlichkeit befassen. Sie stehen oft allein auf weiter Flur und nutzen gern die Chance, sich zu vernetzen."

Weil CLAIM ein breites gesellschaftliches Bündnis schaffen will, ist das Netzwerk auch offen für Organisationen, die nicht explizit im Bereich Islamophobie arbeiten, sondern sich solidarisieren möchten. „Wir haben große zivilgesellschaftliche Träger wie die Evangelische Jugend und ein Projekt der Arbeiterwohlfahrt für CLAIM gewonnen", erzählt Nina Mühe. Entsprechend groß ist die Bandbreite der Netzwerkpartner und reicht von Empowerment und Beratung der Betroffenen bis hin zu pädagogischer Arbeit im schulischen und außerschulischen Bereich. Daneben stößt CLAIM auch bei politischen Parteien auf Zuspruch.

CLAIM – Allianz gegen Islam- und Muslimfeindlichkeit

Projektbeginn: 2017

Sitz: Berlin

Leitung: Nina Mühe

Zahl der Mitarbeitenden: 4

Mehr Informationen: www.claim-allianz.de

Schon die Vernetzung stärkt die Organisationen. Darüber hinaus will CLAIM gemeinsam mit der Allianz die Gesellschaft für das Thema Islamfeindlichkeit sensibilisieren und die Aufmerksamkeit politischer Entscheidungsträger stärker darauf richten. Deswegen erstellt CLAIM Publikationen, arbeitet gemeinsam mit den Netzwerkpartnern an inhaltlichen Fragestellungen und veranstaltet Fachtagungen sowie Kampagnen. Dabei setzt CLAIM auf moderne Werbeformen und zeigt beispielsweise auf der Homepage einen kurzen Zeichentrickfilm zum Thema Muslimfeindlichkeit. „Wir haben uns das von Tell MAMA aus Großbritannien abgeschaut. So wollen wir das Thema auch Menschen näher bringen, die sich bisher noch nicht damit befasst haben, um bei ihnen Empathie zu wecken", erklärt Nina Mühe. Daneben koordiniert CLAIM seit 2018 den vom Rat muslimi-

Dr. Christiane Fritsche

scher Studierender und Akademiker ins Leben gerufenen Tag gegen antimuslimischen Rassismus, der jedes Jahr am 1. Juli stattfindet, dem Jahrestag der Ermordung von Marwa el-Sherbini. „Wir haben ein eigenes Logo kreiert, über das man sich solidarisieren kann, und eine Pressekonferenz veranstaltet. Damit haben wir Aufmerksamkeit erzielt", so Nina Mühe. Nach den ersten Erfolgen ist in den kommenden Jahren die größte Herausforderung für CLAIM, das Netzwerk zusammenzuhalten. Nina Mühe weiß: „Wir müssen für die Akteure wichtig sein und ihnen etwas bieten. Das muss über das hinausgehen, was sie in ihrer Organisation schon haben."

1.6. WIR HIER! Kein Platz für Muslimfeindlichkeit in Europa – Migrantenorganisationen im Dialog

WIR HIER! startete 2015 als Modellprojekt im Rahmen des vom BMFSFJ finanzierten Programms „Demokratie leben!". Es wird von drei Partnern getragen: der spanischen Migrantenselbstorganisation La Red, die auch für die Koordination verantwortlich ist, Minor und der polnischen Migrantenselbstorganisation agitPolska. Weil WIR HIER! Muslimfeindlichkeit in Deutschland als gesamtgesellschaftliches Phänomen versteht, wendet sich das Projekt an nicht-muslimische Migrantinnen und Migranten, um sie für das Thema zu sensibilisieren und Vorurteile abzubauen. Rena Zetzsche erläutert:

> „Wir konzentrieren uns auf Jugendliche und junge Erwachsene im Alter zwischen 16 und 27 Jahren. Mit ihnen wollen wir ins Gespräch kommen und ein Bewusstsein für Muslimfeindlichkeit schaffen. Wir hinterfragen, welche Bilder und möglicherweise aus ihren Herkunftsländern stammende Vorurteile die Jugendlichen haben. So wollen wir verhindern, dass sich Stereotype verfestigen. Wir wollen also aufklären und Wissen vermitteln, v. a. aber Begegnungen schaffen. Denn, wie Familienministerin Dr. Franziska Giffey einmal gesagt hat: ‚Das Gespräch ist die Basis des Friedens.'"

Um die Jugendlichen außerhalb des schulischen Kontexts zu erreichen, bietet WIR HIER! ein breites Spektrum an Workshops an, u. a. zu Theater, Tanz, Dokumentarfilm, Radio, Mode, Comics, Fotografie und Collage.

> „In allen Workshops verbinden wir politische und künstlerisch-kulturelle Bildung. Wir nehmen also die künstlerischen Aktivitäten zum Anlass, um mit den Jugendlichen ins Gespräch zu kommen. Denn so öffnen sie sich leichter für The-

Erkenntnisse aus der Praxis

men, mit denen sie sich sonst vielleicht nicht auseinandersetzen würden. Gleichzeitig ist die künstlerische Beschäftigung mit einem Thema oft nachhaltiger als nur darüber zu sprechen", so Rena Zetzsche.

Abbildung 9: Rena Zetzsche

Auf der inhaltlichen Ebene ist die Darstellung „des" Islams und „der" Musliminnen und Muslime in den Medien ein zentraler Aspekt der Workshops. Ebenso setzen sich die Teilnehmenden mit der Rolle der Frau, der Vielfalt des Islams und den verschiedenen Formen von Diskriminierung auseinander. „Dabei ist es uns wichtig, einen geschützten Raum zu bieten, um offen über diese Themen zu sprechen – auch wenn die Jugendlichen die Fachbegriffe vielleicht nicht kennen oder sich im Deutschen nicht perfekt ausdrücken können", so Rena Zetzsche. Besonders erfolgreich ist der Dokumentarfilm-Workshop, der von einer Filmemacherin und Pädagogin sowie einer Kulturmanagerin geleitet wird: 2018 fand der Kurs zum vierten Mal statt, diesmal zum Thema „Zeige Deine Welt!". Die Jugendlichen lernten zum einen, wie man einen Film dreht, wozu man ein Storyboard braucht, wie man eine Kamera bedient und welche Funktion bestimmte Perspektiven und Kameraeinstellungen haben. Zum anderen beschäftigten sie sich mit Stereotypen und Vorurteilen – sowohl mit ihren eigenen als auch mit denen von anderen. Rena Zetzsche erzählt:

> „Die Jugendlichen interviewten auf der Straße Passantinnen und Passanten zum Thema Islam. Sie fragten u. a., ob sie Angst vor dem Islam hätten, wie sie über das Tragen eines Kopftuchs denken und ob sie selbst Kontakt zu Musliminnen und Muslimen haben. Außerdem begleiteten sie eine gläubige Muslima in ihrem Alltag mit der Kamera und besuchten eine Moschee. Für viele war es das erste Mal, dass sie mit muslimischen Mitmenschen in Kontakt gekommen sind und eine Moschee von innen gesehen haben."

Dr. Christiane Fritsche

Bei den Workshops steht WIR HIER! immer wieder vor einer großen Herausforderung: Wie erreicht man die Jugendlichen am besten und kommt mit ihnen ins Gespräch? Damit die Jugendlichen kommen, bleiben und etwas mitnehmen, hinterfragen die Projektmitarbeitenden permanent die Mischung aus politischer Bildung und künstlerischem Handeln. „Daneben beschäftigt uns auch, wie wir die Jugendlichen aus den Migrantencommunitys ansprechen, ohne sie zu stigmatisieren", so Rena Zetzsche.

WIR HIER! Kein Platz für Muslimfeindlichkeit in Europa – Migrantenorganisationen im Dialog

Projektbeginn: 2015
Sitz: Berlin
Leitung: Rena Zetzsche
Zahl der Mitarbeitenden: 4
Mehr Informationen:
www.la-red.eu/portfolio/wir-hier/

Daneben erforscht der WIR HIER! Projektpartner Minor das bisher nicht aufgearbeitete Themenfeld der Muslimfeindlichkeit unter nicht-muslimisch geprägten Migrantinnen und Migranten. Und schließlich veranstaltet WIR HIER! die niedrigschwellige Vortragsreihe „Facetten des Islams", bei der Expertinnen und Experten zu Themen wie z. B. Frauen im Islam, Islam und Medien sowie Erotik im Islam referieren. Das Besondere ist der Veranstaltungsort: „Die Vorträge finden im ‚Club der polnischen Versager' statt, einer berlintypischen Location, in der es auch Partys gibt. Dort herrscht eine familiäre, gemütliche Atmosphäre und man kommt schnell miteinander ins Gespräch", so Rena Zetzsche.

2. „Schwierigkeiten in jedem Lebensbereich". Muslimfeindlichkeit in verschiedenen europäischen Ländern

Nach der Präsentation der Arbeitsschwerpunkte berichteten die Expertinnen von den spezifischen Ausprägungen der Muslimfeindlichkeit in ihren jeweiligen Ländern.

2.1. Frankreich

So gibt es in Frankreich mit der *laïcité* ein Konzept, das sich stark vom Säkularismus in anderen europäischen Ländern unterscheidet und das die Trennung von Staat und Kirche in einer sehr scharfen Form vorsieht. Artikel 1 der französischen Verfassung von 1958 enthält den „Grundsatz der Gleichheit", der generell alle Formen von Diskriminierung verbietet. Dort heißt es: „Frankreich ist eine unteilbare, laizistische, demokratische und soziale Republik. Sie gewährleistet die Gleichheit aller Bürger vor dem Gesetz ohne Unterschied der Herkunft, Rasse oder Religion. Sie achtet jeden Glauben." Gleichheit und Nicht-Diskriminierung sind also das Herz der französischen Nation. Indem allerdings Gleichheit als Einheitlichkeit interpretiert werde, neutralisiere *laïcité* alle Religionen, Unterschiede und Minderheiten, so Isis Koral. Sie betont: „Die französische Interpretation des Schmelztiegels ist, dass alle gleich im Sinne von einheitlich sind. Dabei sind die Menschen ganz offensichtlich verschieden. Manche wollen ihren Glauben offen zeigen." Vor diesem Hintergrund werden in Frankreich manche islamophobe Einstellungen nicht als rassistisch wahrgenommen, sondern als eine Art der Islamkritik. Dagegen wendet Isis Koral ein:

> „Islamophobie ist Hass auf Musliminnen und Muslime, nicht auf den Islam als Religion. Man kann alles Mögliche über eine Idee oder Philosophie sagen. Das tut niemandem weh. Aber es tut weh, wenn man jemanden physisch angreift, weil er oder sie muslimisch ist. Und genau das passiert bei Islamophobie."

Sie unterstreicht, dass Islamophobie in Frankreich in allen Bereichen des täglichen Lebens auftritt, in Schulen und Behörden, am Arbeitsplatz, in öffentlichen Verkehrsmitteln und Arztpraxen. Dabei spielt für das CCIF Intersektionalität eine große Rolle. Isis Koral betont: „Es geht nicht um Rasse *oder* Religion. Eine muslimische Frau wird nicht nur angegriffen, weil sie muslimisch ist, oder nur, weil sie eine Frau ist. In den Köpfen ihrer Angreifer lösen mehrere Faktoren Hass aus und machen sie zum Ziel."

Abbildung 10: Isis Koral

Laut CCIF sind islamfeindliche Einstellungen in der Politik weitverbreitet, auch jenseits des rechten Front National. Isis Koral hebt hervor: „Das unterscheidet Frankreich von anderen Ländern wie Großbritannien, wo sich Labour dezidiert gegen Muslimfeindlichkeit stellt." So vertrete auch die französische Linke muslimfeindliche Positionen. „Islamophobe Äußerungen sind völlig normal. Musliminnen und Muslime stehen in Frankreich nicht vor Herausforderungen, sondern vor einer Wand", meint Isis Koral und schildert eindrücklich die Effekte des französischen Laizitätsverständnisses und der in Frankreich geläufigen Vorstellung von Freiheit auf Musliminnen, die sichtbar ihre Religion praktizieren und ein Kopftuch tragen möchten. Der Hijab werde als mit der französischen Gesellschaft nicht vereinbar empfunden. In diesem Zusammenhang zitiert Isis Koral den früheren Premierminister Manuel Valls, der über Marianne, das Symbol Frankreichs, sagte, ihre Brust sei nackt und sie sei nicht verhüllt, weil sie frei sei. Vor diesem Hintergrund tragen laut CCIF auch öffentliche Institutionen zu Islamophobie bei: Rund die Hälfte der muslimfeindlichen Vorfälle gingen von der Verwaltung aus.

In Wahlkämpfen werden islamophobe Aussagen noch aggressiver vorgetragen. „Man kann die Menschen gut mit Hassbotschaften um sich scharen. Musliminnen und Muslime sind ein leichtes Ziel. Das war in den vergangenen Wahlkämpfen so und das wird auch bei den Europawahlen 2019 passieren, nicht nur in Frankreich, sondern überall in Europa", prophezeit Isis Koral. Neben Politikerinnen und Politikern verbreiten in den Augen von CCIF auch viele Medien islamophobe Botschaften wie etwa der private Nachrichtensender BFM TV. „Er vermittelt ein negatives Bild von Musliminnen und Muslimen und konstruiert Gegensätze wie Muslime versus nationale Sicherheit oder Muslime versus Meinungsfreiheit", erklärt Isis Koral. Nur wenige alternative Medien machten sich gegen Muslimfeindlichkeit stark, darunter „Mediapart", eine unabhängige Internetzeitung.

Der Ausnahmezustand, der nach den Terroranschlägen von Paris am 13. November 2015 zwei Jahre in Frankreich galt, hat die Situation für die muslimische Bevölkerung weiter verschlechtert, betont Isis Koral: „Die Debatte um die nationale Sicherheit und der öffentliche Diskurs, der den Islam im Wesentlichen kriminalisiert, lösen eine Art ‚Überlebensinstinkt' in der Bevölkerung aus." Weil Musliminnen und Muslime zunehmend als Bedrohung wahrgenommen werden, nehmen muslimfeindliche Vorfälle stark zu. „In der Geschichte des CCIF hatten wir noch nie so viele Fälle. Französische Musliminnen und Muslime sehen sich heute in jedem Lebensbereich mit Schwierigkeiten konfrontiert", berichtet Isis Koral. Meist werden die Opfer von Islamophobie wegen äußerer Merkmale wie Kopftuch oder Bart als Muslime „erkannt". Die Terroranschläge führten außerdem dazu, dass erstmals v. a. junge muslimische Männer verstärkt von Muslimfeindlichkeit betroffen sind. „Praktisch jeder männliche Muslim kann ins Netz der Antiterrorgesetze geraten", so Isis Koral.

Die meisten Opfer von Islamophobie sind jedoch weiblich. „Das Ausmaß ist unglaublich", erzählt Isis Koral. „2017 betrafen rund drei Viertel der Fälle, die das CCIF erfasst hat, Frauen. Sie werden v. a. deshalb zum Ziel, weil sie angreifbarer sind. Es ist offenbar leichter, eine Frau als einen Mann zu attackieren." Muslimische Frauen sind laut CCIF v. a. von den Gesetzen betroffen, die das Zeigen religiöser Symbole verbieten. So bleibt Musliminnen mit Kopftuch der Zugang zu Schulen bis zu ihrem 18. Geburtstag verwehrt. Zudem können sie faktisch nicht arbeiten, denn die vielen Auflagen, die sie einhalten müssen, wenn sie bei der Arbeit ein Kopftuch tragen, machen das unmöglich. „Alle Sphären des aktiven Lebens sind Frauen mit Kopftuch heute verschlossen", fasst Isis Koral zusammen und setzt hinzu: „Es ist absurd. Wenn eine Muslima zu Hause bleibt und für ihre Kinder kocht, heißt es, sie ist unterwürfig und lässt sich von ihrem Mann alles sagen. Aber wenn sie rausgeht, aktiv ist, studieren oder arbeiten will, erfährt sie Diskriminierung und Ablehnung."

Dr. Christiane Fritsche

Isis Koral zieht ein negatives Fazit: „Viele französische Musliminnen und Muslime denken inzwischen, es ist egal, was sie tun. Sie lösen immer Gegenreaktionen aus. Das ist der Punkt: Islamophobie bedeutet, dass Musliminnen und Muslime um ihrer bloßen Existenz willen angegriffen und bedroht werden." Deswegen verbergen nach den Beobachtungen von Isis Koral viele Musliminnen und Muslime ihren Glauben und behaupten z. B., dass sie Vegetarier sind, statt zuzugeben, dass sie aus religiösen Gründen kein Schweinefleisch essen.

2. 2. Belgien

Vor dem Hintergrund der Veränderungen in den europäischen Gesellschaften ist der Islam in Belgien zum Symbol für alles geworden, was „anders" ist, glaubt Imane El Morabet und erläutert:

> „In der Öffentlichkeit werden Musliminnen und Muslime oft negativ dargestellt. Man unterstellt ihnen, dass sie sich nicht integrieren und der belgischen Gesellschaft ihre Regeln aufzwingen wollen. Die Schlussfolgerung: Wichtige Prinzipien der westlichen Gesellschaften würden durch den Islam infrage gestellt. Diese weitverbreitete Ansicht ist ein fruchtbarer Boden für die Diskriminierung von Musliminnen und Muslimen."

Die belgische Gleichstellungsstelle Unia hat in den vergangenen Jahren festgestellt, dass sich der Diskurs vom Rassismus gegen Menschen mit ausländischer Herkunft zum Diskurs gegen den Islam bzw. gegen Musliminnen und Muslime verlagert hat. Dabei fallen islamophobe Aussagen oft nicht unter die Antidiskriminierungsgesetzgebung, weil sie nicht als eine Form von Diskriminierung oder als Anstiftung zu Hass und Gewalt eingestuft werden können, erklärt Imane El Morabet. Gegen Äußerungen wie die eines belgischen Schriftstellers, der das Kopftuch mit dem Judenstern verglich, gibt es also keine rechtliche Handhabe. Doch für Imane El Morabet leisten Aussagen wie diese Vorurteilen Vorschub, führen zu Misstrauen und Angst und tragen damit zur Polarisierung der Gesellschaft bei.

In Wahlkämpfen macht der rechtsextreme Vlaams Belang schon lange offen gegen Musliminnen und Muslime Stimmung. Für Imane El Morabet geht die größere Gefahr jedoch von der Nieuw-Vlaamse Alliantie (N-VA) aus, weil sie subtiler islamophobe Botschaften verbreitet. Westliche Identität ist ein großes Thema für die N-VA. Sie behauptet, Musliminnen und Muslime seien gefährlich, weil sie ihre Regeln durchsetzen wollen, die angeblich nicht mit den westlichen Werten kompatibel sind. Die säkulare Gesellschaft sei also in Gefahr. Imane El Morabet berichtet:

> „In einigen belgischen Städten heißen die Weihnachtsmärkte seit einiger Zeit Wintermärkte. Ich glaube, Musliminnen und Muslime haben andere Prioritäten als solche Bezeichnungen. Aber die N-VA macht daraus ein Thema nach dem Motto: Die wollen sich nicht anpassen. Die zwingen uns ihre Regeln auf. Die Botschaft ist also: Musliminnen und Muslime sind ein Problem, weil sie ein Problem mit unserer Gesellschaft haben."

Abbildung 11: Imane El Morabet

Islamophobe Aussagen wie diese sind laut Imane El Morabet in Belgien inzwischen weitverbreitet und werden kaum noch hinterfragt. Als einzige beziehe die oppositionelle grüne Partei Position gegen muslimfeindliche Äußerungen. Die anderen Parteien machen sich nicht gegen Islamophobie stark. „Das Thema ist nicht sexy. Damit kann man keine Wählerinnen und Wähler gewinnen", so Imane El Morabet. Sie rechnet damit, dass bei den belgischen Parlamentswahlen und den Europawahlen im Mai 2019 Muslimfeindlichkeit eine noch größere Rolle spielen wird. Vor allem fürchtet sie, dass Spannungen zwischen verschiedenen Minderheiten erzeugt werden und beispielsweise Musliminnen und Muslime sowie die LGBTQI-Community (Lesbian, Gay, Bisexual, Transgender, Transsexual, Queer and Intersex Life) gegeneinander ausgespielt werden. Gleichzeitig beobachtet Imane El Morabet besorgt, dass die Gleichstellungsstelle Unia in den Fokus rechter Parteien rückt und verstärkt angegriffen wird.

Eine Zäsur waren laut Unia die Terroranschläge in der Brüsseler Innenstadt und am Flughafen Brüssel-Zaventem am 22. März 2016. Unia hat in der Zeit danach

Dr. Christiane Fritsche

massive Spannungen zwischen Musliminnen und Muslimen und der Mehrheitsgesellschaft beobachtet. Diese seien von belgischen Medien, Befürwortern rechtsextremer Positionen und einflussreichen Politikerinnen und Politikern wie dem belgischen Innenminister Jan Jambon von der N-VA geschürt worden, der behauptete, belgische Musliminnen und Muslime hätten nach den Terroranschlägen vor Freude getanzt. Nach den Attentaten nahmen Hassverbrechen gegen Musliminnen und Muslime erheblich zu. Unia hat deswegen einen Bericht über das Klima und die Maßnahmen nach den Anschlägen veröffentlicht. „Eine der wichtigsten Schlussfolgerungen ist, dass die Angriffe einen gewaltigen Schaden angerichtet haben. Nach dem großen menschlichen Leid entstand ein Klima der Angst. Die Hauptleidtragenden sind Menschen mit Migrationshintergrund sowie Musliminnen und Muslime", fasst Imane El Morabet zusammen. Nach den Anschlägen gab es vermehrt Fälle von Belästigungen. Musliminnen und Muslime wurden für die Taten verantwortlich gemacht, sie sollten sich erklären und entschuldigen. Außerdem nahm die Zahl der von Unia erfassten Fälle, bei denen es um das Kopftuch ging, deutlich zu: von 136 im Jahr 2015 auf 235 im Jahr 2016. Daneben sind seit März 2016 zunehmend auch Männer von Islamophobie betroffen. So werde jungen Männern, denen man z. B. aufgrund ihres Namens unterstellt, Muslim zu sein, aus Sicherheitsgründen immer öfter ein bestimmter Job verwehrt, erklärt Imane El Morabet und nennt ein Beispiel:

> „Ein junger Muslim mit Bart arbeitet bei einem Sicherheitsdienst und will an den Flughafen wechseln. Das wird aus Sicherheitsgründen abgelehnt. Das Schlimme ist: Die wahren Gründe wird er nicht erfahren. Weil die Betroffenen in der Regel keinen Zugang zu den relevanten Akten haben, können sie sich gegen diese Form von Diskriminierung nicht wehren."

2017 hat die belgische Gleichstellungsstelle 319 Fälle erfasst, bei denen Menschen aufgrund ihres Glaubens oder ihrer Weltanschauung diskriminiert wurden. Das entspricht rund 14 % aller Fälle, die Unia in diesem Jahr erreicht haben. Im Vergleich zum Jahr 2016 mit seinen wegen der Terroranschläge besonders hohen Zahlen gingen die Diskriminierungsfälle im Bereich Glaube/Weltanschauung um 18 % zurück. „Insgesamt haben 85 % der Fälle im Bereich Glaube/Weltanschauung mit dem Islam zu tun und hier wiederum die große Mehrheit mit dem Verbot religiöser Symbole, v. a. des Kopftuchs. Das bedeutet: Die meisten Opfer von Muslimfeindlichkeit sind weiblich", betont Imane El Morabet. Dabei sind alle Lebensbereiche betroffen. Der wichtigste Bereich bei Glaube/Weltanschauung waren 2017 mit 39 % Medien und hier besonders soziale Medien wie Facebook. Imane El Morabet führt ein Beispiel an: „Im Juli 2018 misshandelten zwei junge Männer in Anderlues eine muslimische Frau. Sie rissen ihr Kopftuch herunter und fügten ihr Stichwunden zu. Die Reaktion in den sozialen Medien war zum Teil schockierend, offen rassistisch und islamophob."

Die Zahl der Fälle, die Unia erreichen und bei denen es um das Kopftuch geht, nimmt seit Jahren stetig zu. Während es 2011 noch 137 waren, lag die Zahl 2017 bei 213. Imane El Morabet erklärt: „Die Kleidung muslimischer Frauen ist immer wieder Thema in Medien und Politik. In den meisten belgischen Schulen dürfen Lehrerinnen und Lehrer sowie Schülerinnen und Schüler keine religiösen Symbole tragen." So setzte beispielsweise das Netzwerk öffentlicher Schulen (GO!) in Flandern, dem niederländischsprachigen Teil Belgiens, ein entsprechendes Verbot für Grundschulen und weiterführende Schulen durch. Es gilt für alle Schülerinnen und Schüler sowie Lehrerinnen und Lehrer mit Ausnahme der Religionslehrerinnen und Religionslehrer. Nachdem der flämische Bildungsrat, eine Behörde an der Spitze von 700 öffentlichen Grund- und Sekundarschulen in Flandern, das Verbot 2013 bestätigt hatte, untersagten mehrere Schulbehörden in internen Regelungen das Tragen von auffälligen religiösen Zeichen auf dem Schulgelände. Dagegen reichten Schülerinnen und Schüler, die das Kopftuch trugen oder der Sikh-Religion angehörten, beim Belgischen Staatsrat Beschwerde ein. Doch obwohl dieser das Verbot als Eingriff in die Religionsfreiheit einstufte, hob es der flämische Bildungsrat nicht auf. Imane El Morabet erläutert, aus welchen Gründen belgische Schulen das Tragen religiöser Symbole untersagen:

> „Vor allem die öffentlichen Schulen berufen sich auf die Neutralität. Daneben verweisen viele darauf, die Schülerinnen und Schüler vor dem Druck schützen zu wollen, der von Mitschülerinnen und Mitschülern sowie Lehrerinnen und Lehrern ausgeht, die sichtbar religiöse Symbole tragen. Und schließlich sehen die Schulen Gefahren für ihre Vielfalt, wenn sie religiöse Symbole nicht verbieten. Sie fürchten, eine entsprechende Erlaubnis könne viele Schülerinnen und Schüler anziehen, denen das Tragen religiöser Zeichen an anderen Schulen untersagt ist."

Nachdem sich die Debatte über religiöse Symbole im Bildungsbereich lange Zeit auf die Primär- und Sekundarbildung beschränkt hat, hat sie inzwischen auch die Hochschulen und die Erwachsenenbildung erreicht, wie Unia beobachtet. So durften an Hochschulen in Brüssel und Wallonien mehrere Studentinnen keinen Hijab tragen. „Außerdem haben es Studentinnen und Studenten, die religiöse Symbole tragen, schwerer als ihre Kommilitoninnen und Kommilitonen, einen Praktikumsplatz in einer Schule oder einem Unternehmen zu finden", betont Imane El Morabet.

Laut Unia werden Frauen mit Kopftuch auch auf dem belgischen Arbeitsmarkt verstärkt diskriminiert. Imane El Morabet berichtet: „Ein Arbeitgeber sagte, wenn er ein Kopftuch akzeptiere, müsse er auch Hakenkreuze in seinem Betrieb zulassen." Von großer Bedeutung war die Entscheidung des Europäischen Gerichtshofs im Fall Achbita vom 14. März 2017. Samira Achbita war wegen ihres Kopftuchs vom Sicherheitsunternehmen G4S Secure Solutions als Rezeptionistin gekündigt worden und hatte dagegen geklagt. Der Europäische Gerichtshof hielt das Verbot, ein Kopftuch zu tragen, für zulässig und stufte den Wunsch des Arbeitsgebers, seinen Kunden ein Bild der Neutralität zu vermitteln, als rechtmäßig ein. „Angesichts der zunehmenden Islamophobie, die dazu führt, dass Einschränkungen für muslimische Frauen zur Regel werden und Freiheit zur Ausnahme, öffnet dieses Urteil Tür und Tor für noch mehr Ausgrenzung", glaubt Imane El Morabet.

In Belgien hat die Diskriminierung von Frauen mit Kopftuch längst weite Teile des Alltags erfasst. Unia weiß von Fällen, bei denen Frauen mit Hijab Schwierigkeiten auf dem Wohnungsmarkt hatten. In jüngster Zeit wurde ihnen sogar der Zutritt zu Eisdielen, Restaurants oder Fitnessstudios verwehrt. Sie bekamen zu hören, ein Kopftuch sei mit der Atmosphäre des betreffenden Orts nicht vereinbar oder der Hijab sei aus Sicherheits- bzw. aus Hygienegründen verboten. Imane El Morabet berichtet: „Fitnessstudios verbieten zwar einerseits Kopfbedeckungen aus Sicherheitsgründen, andererseits lassen sie aus medizinischen Gründen Ausnahmen zu. Faktisch fürchten die Betreiber dieser Studios, dass zu viele Musliminnen mit Kopftuch zu ihnen kommen und dass sie zu sichtbar werden."

Neben dem Kopftuch sind auch die Ganzkörper-Badeanzüge, die sogenannten Burkinis, ein Thema. Imane El Morabet erläutert:

> „Nach dem Burkini-Verbot an öffentlichen Stränden in Frankreich schwappte die Diskussion wie viele andere Debatten nach Belgien über – und das, obwohl es in Belgien keine strikte Trennung von Kirche und Staat gibt. In der Öffentlichkeit bestand Einigkeit, dass ein generelles Verbot unverhältnismäßig, ein Verbot in

öffentlichen Schwimmbädern jedoch aus Sicherheits- und Hygienegründen zulässig sei."

Tatsächlich verbieten die meisten städtischen Schwimmbäder Ganzkörper-Badeanzüge. Damit ist Musliminnen der Zugang zum Schwimmen als sportliche Betätigung weitgehend verschlossen. Unia gab deswegen 2017 einen Ratgeber zum Thema Burkini heraus.

> „Die Quintessenz ist: Ein Verbot ist nicht mit dem Antidiskriminierungsgesetz vereinbar. Es diskriminiert alle, die aufgrund ihres Glaubens oder ihres Gesundheitszustands einen Ganzkörper-Badeanzug tragen möchten. Einen Burkini zu tragen, ist eine Grundfreiheit im Sinne der Verfassung und der internationalen Verträge zum Schutz der Menschenrechte", so Imane El Morabet.

Mit den Ratschlägen möchte Unia erreichen, dass die belgischen Kommunalbehörden über die Aufhebung ihrer Burkini-Verbote nachdenken.

Die zunehmenden Beschränkungen, die muslimische Frauen mit Kopftuch oder anderen religiösen Bekleidungsstücken in Belgien erleben, haben einen paradoxen Effekt, glaubt Imane El Morabet: „Gerade Frauen, die sich durch Arbeit und Bildung integrieren und an der Gesellschaft beteiligen wollen, werden eingeschränkt." Dabei greifen die Verbote immer weiter um sich und gehen von der Primär- und Sekundarbildung auf die Hochschulen über, vom öffentlichen Sektor auf die Privatwirtschaft, vom Wohnungsmarkt auf Eisdielen. Imane El Morabet fasst zusammen: „Das Kopftuch ist zu einem Problem geworden, es ist nicht mehr normal. Muslimische Frauen mit Kopftuch werden nach und nach zu ‚outlaws'." Nach Imane El Morabets Beobachtungen reagieren die Frauen ganz unterschiedlich: Einige legen das Kopftuch ab und geben damit einen Teil ihrer Identität auf. Andere kehren Belgien den Rücken und siedeln in Länder über, in denen sie auch mit Kopftuch Chancen auf dem Arbeitsmarkt haben. „Für Belgien ist das ein großer Verlust, wir verlieren Talente", meint Imane El Morabet.

Die öffentliche Diskussion über die Bekleidung von muslimischen Frauen ist laut Imane El Morabet oft von der Angst vor dem Islam und vom Hass gegen Musliminnen und Muslime geprägt. „Deswegen ist es sehr schwierig, eine vernünftige Debatte zu führen", meint sie. Dabei gibt es in ihren Augen bei der Zunahme von Islamophobie keinen Unterschied zwischen den Regionen. Lediglich die Argumente und Ausprägungen seien verschieden: So spiele für die französischsprachige Wallonie das Vorbild der französischen *laïcité* eine größere Rolle, während im niederländischsprachigen Flandern eine harte, rassistische Spielart der Islamophobie dominiere. „Hier sind die Leute fast schon stolz auf ihren antimuslimischen Rassismus – nach dem Motto: ‚Wir sind islamophob. Und was ist das Problem?'", so Imane El Morabet.

2.3. Spanien

In Spanien wird Islamophobie oft mit ihren historischen Wurzeln begründet, die bis zur Reconquista, zur Vertreibung der Juden sowie der zwangsweise zum Christentum konvertierten Mauren und zur kolonialen Vergangenheit in Marokko zurückreichen, meint Dr. Ariadna Solé Arraràs und fügt hinzu: „Sicherlich gibt es in Spanien eine lange Geschichte negativer Narrative vom Araber, vom Moslem, vom Marokkaner. Doch derzeit haben wir es mit einer neuen Islamophobie zu tun, die auch mit der Ankunft muslimischer Migrantinnen und Migranten zusammenhängt." Wie in Frankreich und Belgien nimmt auch in Spanien Muslimfeindlichkeit stetig zu. Laut einer von SAFI im Jahr 2016 durchgeführten Studie werden Musliminnen und Muslime in den verschiedensten Bereichen diskriminiert: am Arbeitsplatz, bei der Bildung und auf der Straße, wo es zum Teil zu offenen Aggressionen kommt. Dr. Ariadna Solé Arraràs erklärt: „Leider liegen für Hassverbrechen gegen Musliminnen und Muslime keine gesonderten Zahlen vor. Denn bei der Strafverfolgung wird Muslimfeindlichkeit unter Verbrechen aus religiösen Gründen subsumiert."

Anders als in Frankreich garantiert die spanische Verfassung zwar weitgehende Religionsfreiheit, doch in der Praxis werden die Gesetze laut SAFI oft nicht angewandt. „1992 gab es ein Kooperationsabkommen zwischen dem Staat und der Islamischen Kommission Spaniens. Damit wurde u. a. das Recht zur religiösen Erziehung in Schulen anerkannt. Umgesetzt wird es aber nur in einigen Regionen wie z. B. im Baskenland", erklärt Dr. Ariadna Solé Arraràs. Daneben weist sie auf die in Katalonien geführte Diskussion um die Verschleierung hin. So erließen einige Städte wie Lleida oder Reus ein Burkaverbot. Erst als eine nicht-religiöse marokkanische Vereinigung Klage einreichte, kippte das Oberste Verfassungsgericht das Verbot.

Auch laut SAFI haben es Musliminnen und Muslime besonders auf dem Arbeitsmarkt schwer. „Es gibt jedoch keine validen Daten und es ist sehr schwierig, einzelne Fälle aufzudecken", berichtet Dr. Ariadna Solé Arraràs. Fest steht, dass sich im Zuge der Wirtschaftskrise ab 2008 viel änderte: Bis dahin arbeiteten in Familien, die aus muslimisch geprägten Ländern wie Marokko und Pakistan stammen, häufig die Männer. Als sie ihre Jobs verloren, versuchten viele Frauen, Arbeit zu bekommen. „Für sie ist der Hijab ein enormer Nachteil. Die Konkurrenz ist groß. Deshalb finden viele Musliminnen keine Anstellung", erzählt Dr. Ariadna Solé Arraràs. SAFI beobachtet, dass viele Musliminnen der Diskriminierung zu entgehen versuchen, indem sie sich anpassen und beispielsweise das Kopftuch ablegen oder indem sie zu Hause arbeiten bzw. sich selbstständig machen.

Neben Musliminnen mit Kopftuch betrifft Muslimfeindlichkeit auch in Spanien zunehmend Männer. Dr. Ariadna Solé Arraràs berichtet:

> „Insbesondere den Marokkanern hat man früher gesagt, die zweite Generation werde sich gut integrieren, v. a. wenn sie studiere. Aber das Gegenteil ist der Fall. Junge muslimische Männer gelten heute per se als frauenfeindlich und stehen generell unter dem Verdacht, Terroristen zu sein. Besonders davon betroffen sind unbegleitete minderjährige Geflüchtete. Vor allem wenn sie aus Marokko kommen, unterstellt man ihnen automatisch Delinquenz und Machismo."

Dr. Ariadna Solé Arraràs betont, dass das katalanische Innenministerium gemeinsam mit dem Bildungsministerium ein Papier für Lehrerinnen und Lehrer der Grund- und Oberschule zur frühzeitigen Erkennung von Islamisten verfasst habe. Daneben würden muslimische Männer verstärkt von der Polizei kontrolliert. Dabei tut sich nach den Beobachtungen von SAFI die katalanische Polizei stärker als die Gemeinde- und Stadtpolizei hervor. „Der Maßnahmenplan in Barcelona zur Bekämpfung von Islamophobie sah zwar entsprechende Schulungen für Polizeikräfte vor. Allerdings weigerten sich die Polizeispitze und die katalanische Landesregierung, diese Vorschläge umzusetzen", bedauert Dr. Ariadna Solé Arraràs. Die Diskriminierung muslimischer Männer beschränkt sich nicht auf die Polizei.

> „Auch in Geschäften werden v. a. junge Männer kontrolliert, die so aussehen, als ob sie aus Marokko oder Algerien stammen, also moros sind, wie man despektierlich sagt. Dasselbe gilt für Supermärkte, Cafés, Restaurants, Züge und Flugzeuge. Das hat zur Folge, dass die Öffentlichkeit nur aus einer Perspektive auf diese Gruppe schaut: aus der des Verdachts", so Dr. Ariadna Solé Arraràs.

Wie in Belgien und Frankreich haben Terroranschläge auch in Spanien unmittelbare Folgen für Musliminnen und Muslime. Es gibt zwar keine systematischen Erhebungen, doch weiß SAFI von Einzelfällen wie z. B. von einem Handwerker, der unmittelbar nach dem Terroranschlag von Barcelona am 17. August 2017 aufgrund seiner Religion Aufträge verlor.

Abbildung 12: Dr. Ariadna Solé Arraràs

Islamophobie ist in landesweiten Wahlkämpfen zwar kein zentrales Thema, doch setzen rechte Parteien und die konservative christdemokratische Partido Popular (PP) laut SAFI immer häufiger auf muslimfeindliche Botschaften, um Stimmen zu gewinnen. So habe der PP-Vorsitzende Pablo Casado im Wahlkampf für die Regionalwahl in Andalusien am 3. Dezember 2018 erstmals Vorurteile und Stereotype gegen Musliminnen und Muslime instrumentalisiert, nach dem Motto, wer in Spanien bleiben wolle, müsse sich anpassen. „Das ist neu und hat mit dem Rechtsruck der PP unter der neuen Führung von Casado zu tun", meint Dr. Ariadna Solé Arraràs. Deswegen erwartet sie, dass das Thema auch bei kommenden Wahlen eine Rolle spielen wird. Auf Lokalebene nimmt SAFI schon seit Längerem eine Zunahme muslimfeindlicher Botschaften wahr. So positionierte sich im katalanischen Badalona der ehemalige Bürgermeister mit einer Kampagne gegen einen Gebetsraum für den nächsten Wahlkampf. Derzeit wird eine Muslima, die einen Hijab trägt und sich bei der linkspopulistischen Podemos als Kandidatin aufstellen lassen will, Opfer von Hassreden. „Sie wird beschimpft und das, obwohl sie sich gerade erst im Prozess der Kandidatenauswahl befindet. Am aggressivsten geht eine Person mit muslimischem Hintergrund gegen sie vor, die angibt, laizistisch zu sein", berichtet Dr. Ariadna Solé Arraràs.

3. Herausforderungen und Fortschritte

Nach den länderspezifischen Formen von Muslimfeindlichkeit diskutierten die Expertinnen die dem Thema immanenten Problemfelder, die Bildung von Koalitionen als mögliche Antwort auf die gemeinsamen Herausforderungen sowie erste Fortschritte bei ihrer Arbeit gegen Muslimfeindlichkeit in Europa.

3.1. Fehlende Daten und die Kultur des Verdachts. Länderübergreifende Problemfelder

Die Herausforderungen unterscheiden sich von Land zu Land sehr stark und hängen u. a. von der jeweiligen verfassungsrechtlichen Basis ab. So hat das CCIF in erster Linie mit der französischen Gesetzgebung zu kämpfen. Einige Gesetze in Frankreich bewertet das CCIF als islamophob. Als Hauptherausforderungen sieht Isis Koral die Neutralitäts- und die Antiterrorgesetze. SAFI sieht sich hingegen v. a. mit den lokalen Unterschieden konfrontiert, denn während sich die Stadt Barcelona für ein friedliches Zusammenleben der Religionen stark macht und gegen Muslimfeindlichkeit engagiert, leisten andere katalanische Städte der Islamophobie Vorschub. Nina Mühe wiederum sieht das Fehlen starker Antirassismus- und Antidiskriminierungsgesetze in Deutschland als ein Problemfeld und verweist auf andere Länder:

> „In Großbritannien müssen staatliche und zivilgesellschaftliche Akteure belegen, dass sie gegen Rassismus vorgehen und Diversity auf dem Schirm haben. Entsprechende Gesetze wären in Deutschland sehr hilfreich, denn sie wären eine rechtliche Handhabe für die Betroffenen und würden das Bewusstsein der Gesellschaft verändern."

Neben spezifischen Schwierigkeiten gibt es Herausforderungen, die alle Expertinnen kennen, allen voran ganz allgemein die zunehmende Muslimfeindlichkeit. So beobachtet ENAR schon seit einiger Zeit mit Sorge, dass spätestens seit dem Zuzug von Geflüchteten immer öfter auch Parteien außerhalb des rechten Spektrums antimuslimische Positionen vertreten. Deswegen rechnet ENAR fest damit, dass Islamophobie auch bei kommenden Wahlkämpfen eine Rolle spielen wird und geht davon aus, dass rechte Parteien im nächsten Europäischen Parlament noch stärker vertreten sein werden als bisher. Wie etabliert Muslimfeindlichkeit inzwischen ist, zeigte in den Augen von ENAR eine Kampagne des Europäischen Parlaments, mit der die Menschen zum Wählen aufgerufen werden sollten. Auf einem der Plakate waren eine Muslima mit Kopftuch und zwei bärtige Männer zu sehen, verbunden mit der Aussage, Europa müsse die Migration managen – für ENAR eine klare Stigmatisierung. Immerhin erreichte ENAR, dass das Motiv entfernt wurde. „Das war zwar ein Erfolg für uns", erzählt Julie Pascoët. „Es hat uns aber auch gezeigt, wie normal bestimmte Bilder von Musliminnen und Muslimen inzwischen sind. Und genau das ist das Beunruhigende."

Abbildung 13: Nina Mühe

In Deutschland hält Nina Mühe Muslimfeindlichkeit für *das* Mobilisierungselement der rechtspopulistischen Parteien und verweist auf den Einzug der Alternative für Deutschland (AfD) in den Bundestag. Gleichzeitig habe Islamophobie den Rassismus in die Mitte der Gesellschaft getragen und ihn salonfähig gemacht. Zudem befördere Muslimfeindlichkeit auch andere Formen von Rassismus wie Antisemitismus oder Rassismus gegen *people of Color*.

Nina Mühe versucht dem Thema jedoch auch positive Aspekte abzugewinnen und beruft sich auf Bundeskanzlerin Angela Merkel, die dafür plädiert, Wahlkämpfe nicht auf Migration und den Islam zu reduzieren. Denn wenn die populistische Karte zu stark gespielt werde, könne Europa zerbrechen, so Merkel. Nina Mühe zieht daraus die Schlussfolgerung: „Das Thema geht nicht nur die Betroffenen an, die Musliminnen und Muslime und die, die als solche markiert sind, sondern die ganze Gesellschaft. Dass Menschenrechte an Bedeutung verlieren, dass die demokratischen Grundwerte infrage gestellt werden, ist eine Gefahr für alle." Deswegen könne man für den Kampf gegen Muslimfeindlichkeit weite Teile der Gesellschaft mobilisieren.

Eine zweite gemeinsame Herausforderung sind die fehlenden verlässlichen Daten als Voraussetzung für die Bekämpfung von Muslimfeindlichkeit. So erfassen in Belgien Bundespolizei und Staatsanwaltschaft islamophobe Diskriminierung,

Hassverbrechen und Hassrede nicht als eigene Kategorie, sondern subsumieren sie unter Rassismus, Fremdenfeindlichkeit oder Diskriminierung. Auch in Spanien sind antimuslimische Verbrechen kein eigener Straftatbestand. „Es gibt lediglich die Kategorie ‚Verbrechen aufgrund des Glaubens oder religiöser Praktiken'. Wir können nur mutmaßen, dass darunter v. a. islamophobe Vorfälle fallen", berichtet Dr. Ariadna Solé Arraràs. In Frankreich ist die Lage ähnlich. Hier stuft die Polizei viele muslimfeindliche Fälle als Rassismus ein. „Dass entsprechende Vorfälle nicht richtig zugeordnet werden, schlägt sich in den offiziellen Statistiken nieder", erklärt Isis Koral. „Wenn man die Zahlen der französischen Regierung mit den Daten aus Großbritannien vergleicht, gibt es erhebliche Differenzen."

In Deutschland weist das Bundeskriminalamt zwar seit 2017 islamfeindliche Straftaten explizit aus und subsumiert sie nicht mehr wie bisher unter Hasskriminalität. Doch Nina Mühe vermutet: „Oft haben einzelne Polizeibeamte nicht das Wissen, um bei der Aufnahme einer Anzeige alle wichtigen Faktoren zu erfassen. Hier ist ein Austausch zwischen NGOs und Polizei sicher sinnvoll." Daneben fehlt eine einheitliche Definition von islamfeindlichen Straftaten in Abgrenzung zu rassistischen Verbrechen – nicht nur bei der Polizei. „Auch bei den NGOs, die in diesem Bereich arbeiten, ist unklar, was Islamfeindlichkeit ist und was Rassismus. Wir brauchen eine Arbeitsdefinition und miteinander kompatible Standards, um das Phänomen in seiner ganzen Bandbreite zu erfassen", fordert Nina Mühe. Außerdem verweist sie darauf, dass in Deutschland valide Daten zu den Lebensumständen von Musliminnen und Muslimen wie beispielsweise zur Situation auf dem Arbeitsmarkt oder bei der Wohnungssuche fehlen. Bisher lassen sich dazu nur in beschränktem Maße Rückschlüsse aus dem Mikrozensus ziehen. Nina Mühe betont:

> „Aus gutem Grund will man nicht Religionsgemeinschaften zählen. Aber man muss einen Weg finden, der einerseits Datenschutz und Anonymität gewährleistet und andererseits der Antidiskriminierungsarbeit ermöglicht, zu erkennen, was mit bestimmten Gruppen passiert. Verlässliche Daten sind für die politische Auseinandersetzung wichtig, um zu zeigen, dass Muslimfeindlichkeit nicht nur gefühlt wichtig ist, sondern dass Musliminnen und Muslime in ihren Lebensumständen tatsächlich benachteiligt sind."

Ein drittes Problemfeld ist das Verhältnis zwischen der muslimischen Community und der Polizei. Dr. Ariadna Solé Arraràs berichtet: „In Spanien scheuen sich viele

Dr. Christiane Fritsche

Musliminnen und Muslime Anzeige zu erstatten, wenn sie Opfer von Muslimfeindlichkeit geworden sind." Dasselbe gilt für Deutschland. „Es gibt eine Hürde, sich an die Polizei zu wenden, wenn man Diskriminierung erfahren hat. Viele haben Angst, dann erneut diskriminiert zu werden", betont Nina Mühe. Mit Blick auf Frankreich ergänzt Isis Koral: „Leider ist diese Angst berechtigt. Wir wissen von Fällen, bei denen sich Frauen an die Polizei wandten, wenn ihnen gewaltsam das Kopftuch heruntergerissen wurde. Sie bekamen zu hören: ‚Geschieht Ihnen recht.'"

Damit Musliminnen und Muslime der Polizei mehr vertrauen, plädiert Nina Mühe für den Einsatz von Kontaktbeamten als feste Ansprechpartner für die muslimische Gemeinschaft, wie in Berlin. „Inzwischen gibt es dort zwischen der Polizei und den Communitys sehr positive Beziehungen. Auf beiden Seiten ist Vertrauen entstanden. Wenn es Probleme gibt, wenden sich die Moscheegemeinden an die Kontaktbeamten", erzählt Nina Mühe. Isis Koral geht noch einen Schritt weiter und fordert einen grundlegenden Wandel in der Polizei: „Wir müssen bei den Polizistinnen und Polizisten ein Bewusstsein für die Stigmatisierung von Musliminnen und Muslimen schaffen. Allein die Tatsache, dass jemand muslimisch ist, darf kein Grund sein, ihn zu verdächtigen. Nicht jeder, der fünfmal am Tag betet, ist radikalisiert."

Eine vierte Herausforderung, die viele Expertinnen aus ihrer täglichen Arbeit kennen, ist die Kultur des Verdachts. Julie Pascoët erklärt: „Wenn eine Organisation im Bereich Islamophobie besonders aktiv ist, wird ihr schnell unterstellt, den politischen Islam zu unterstützen, islamistisch zu sein oder Organisationen wie den Muslimbrüdern nahezustehen." Viele NGOs im ENAR-Netzwerk kennen solche Vorwürfe. Julie Pascoët hat sogar persönlich Erfahrungen damit gemacht. Sie betont: „Die Kultur des Verdachts ist eine Erscheinungsform von Islamophobie. Muslimfeindlichkeit wird auf diese Weise reproduziert." Dabei haben die Anschuldigungen oft direkte Auswirkungen auf die Ressourcen, die eine Organisation erhält. ENAR erlebt immer wieder, dass Initiativen wegen gegen sie gerichteter Vorwürfe Gefahr laufen Projektmittel zu verlieren. Daneben haben Verdächtigungen Folgen für den Ruf einer Organisation und manchmal sogar für das Leben Einzelner. Julie Pascoët fügt hinzu: „Es gibt immer mehr Drohungen gegen die Zivilgesellschaft, nicht nur gegen Institutionen, die sich mit Islamophobie befassen, sondern allgemein gegen Organisationen, die die Menschenrechte verteidigen. Das ist beunruhigend."

Auch CLAIM hat schon erste Erfahrungen mit der Kultur des Verdachts gemacht – und das, obwohl das Netzwerk erst seit kurzer Zeit existiert. Die AfD stellte bereits eine entsprechende Anfrage im Bundestag. Gleichzeitig kämpft CLAIM mit dem Vorwurf der „Kontaktschuld". „Auch zivilgesellschaftliche Organisationen fragen, warum man einmal mit bestimmten Personen auf dem Podium gesessen hat, nach dem Motto ‚Wie könnt ihr mit denen?'", berichtet Nina Mühe und ergänzt: „Bisher sind wir noch nicht Ziel eines großen Shitstorms geworden, aber wir wappnen uns."

Wie geht man am besten mit Anschuldigungen um? „Eine perfekte Lösung gibt es nicht. Man muss im Einzelfall die beste Strategie finden", meint Julie Pascoët. Eine mögliche Reaktion ist eine Beschwerde bei der Gleichstellungsstelle, wie Imane El Morabet und Julie Pascoët vorschlagen. Allerdings wendet Julie Pascoët ein, dass man für entsprechende Vorwürfe keine Beweise brauche, um eine große Wirkung zu erzielen. Am vielversprechendsten scheint den Expertinnen Unterstützung von anderen zu sein. „Es ist wichtig, sich gegenseitig den Rücken zu stärken", meint Julie Pascoët.

Eine fünfte Herausforderung ist, dass das Problem Islamophobie noch immer nicht in seinem ganzen Ausmaß anerkannt wird. Für Deutschland betont Nina Mühe:

> „Wir haben in den letzten Jahren zwar schon viel erreicht. Inzwischen ist Muslimfeindlichkeit in Politik und Gesellschaft ein Thema. So gibt es im ‚Demokratie leben!'-Programm einen eigenen Teilbereich Islam- und Muslimfeindlichkeit. Doch noch immer muss man vielen erklären, was antimuslimischer Rassismus eigentlich ist und warum man etwas dagegen machen muss. Auch wegen der weitverbreiteten islamfeindlichen Stimmung in der Bevölkerung ist die Legitimität der Arbeit gegen Islamophobie noch immer nicht ebenso offensichtlich wie die der Arbeit gegen Rassismus und Diskriminierung im Allgemeinen."

Ähnlich sieht es in Spanien aus. „Das Problem Islamophobie wird oft nicht als solches anerkannt, sogar in den Teilen der Zivilgesellschaft, die eher links eingestellt sind und die eigentlich unsere natürlichen Verbündeten im Kampf gegen Muslimfeindlichkeit wären", berichtet Dr. Ariadna Solé Arraràs. Mit Blick auf die Erfahrungen in den WIR HIER!-Workshops macht Rena Zetzsche darauf aufmerksam, dass die Debatte um Islamophobie für die nicht-muslimischen Migrantencommunitys stellenweise schwer zugänglich ist. „Damit meine ich insbesondere die Sprache. Sprachbarrieren sollte es hier jedoch nicht geben, v. a. nicht aufgrund der Verwendung von Fachtermini."

Gemeinsam mit den Netzwerkpartnern sucht CLAIM nach Möglichkeiten, um in Zukunft die öffentliche Aufmerksamkeit für das Problem Islam- und Muslimfeindlichkeit zu erhöhen. Nina Mühe weiß: „Das ist ein komplexer Prozess." Von der Politik wünscht sie sich, dass sie Muslimfeindlichkeit noch stärker als bisher anerkennt, um das Thema in die Gesellschaft zu tragen, und ergänzt: „Wir brauchen auch Symbole wie z. B. einen Beauftragten für Islam- und Muslimfeindlichkeit. Und wir brauchen Politikerinnen und Politiker, die sagen: Der Islam gehört zu Deutschland." Daneben will CLAIM erreichen, dass Islamfeindlichkeit nicht nur im Kontext der Radikalisierungsprävention gesehen wird, also im Zusammenhang damit, dass Ausgrenzungserfahrungen zu Radikalisierung führen können. „Man muss Muslimfeindlichkeit als prinzipielles Problem sehen, als eigenständiges Thema, das nicht nur die Musliminnen und Muslime etwas angeht, sondern die ganze Gesellschaft", fordert Nina Mühe.

Für Spanien macht Dr. Ariadna Solé Arraràs auf einen weiteren Aspekt aufmerksam – das fehlende Bewusstsein für Islamophobie bei den Betroffenen selbst: „Viele Musliminnen und Muslime wissen nicht, was Muslimfeindlichkeit ist. Einige Vertreterinnen und Vertreter von muslimischen Gemeinden behaupten sogar, es gäbe keine Islamophobie. Das sei Selbstviktimisierung", berichtet sie. An der Spitze der Bewegung gegen Muslimfeindlichkeit stünden deswegen in Spanien keine Mitglieder der muslimischen Community. Gleichzeitig kennen laut Dr. Ariadna Solé Arraràs viele Musliminnen und Muslime ihre Recht nicht. Doch sie sieht, dass sich etwas ändert: „Eine neue Generation junger katalanischer Musliminnen und Muslime ist sich ihrer Rechte bewusst und ist bereit, sie zu verteidigen. Insbesondere die jungen Musliminnen wehren sich gegen Diskriminierung."

Keine Herausforderung sehen die Expertinnen aus der Praxis in der wissenschaftlich viel diskutierten Auswahl der Begrifflichkeiten. Die meisten von ihnen sprechen von *islamophobia*, können aber gut auch mit anderen Bezeichnungen leben. Imane El Morabet ist pragmatisch: „Wenn man in der Praxis arbeitet und jeden Tag sieht, welch negative Auswirkungen das ganze Umfeld heute auf Musliminnen und Muslime hat und wie weitverbreitet Vorurteile gegen sie sind, ist es egal, wie man es nennt."

3.2. „Es muss Allianzen geben." Zusammenarbeit zwischen staatlichen und zivilgesellschaftlichen Akteuren

Die wichtigste Antwort auf die gemeinsamen Herausforderungen ist für alle Expertinnen die Bildung von Allianzen sowohl zwischen zivilgesellschaftlichen Institutionen untereinander als auch zwischen Zivilgesellschaft und Staat. In Belgien bemüht sich Unia deswegen gezielt um Kooperationen mit NGOs. Allerdings gibt es hier nur wenige Organisationen, die sich explizit mit Islamophobie befassen oder um die Opfer von antimuslimischem Rassismus kümmern. Eine der wenigen ist das Collectif Contre l'Islamophobie en Belgique (CCIB), das belgische Pendant zum CCIF. Weil viele Opfer von Muslimfeindlichkeit staatlichen Institutionen und damit auch der Gleichstellungsstelle misstrauen, sind für Unia gute Kontakte zu NGOs wie dem CCIB zentral. „Sie sind näher an den Betroffenen und können ihnen erklären, was Unia tun kann und was nicht. Es ist wichtig, jeden Fall bei uns zu melden, denn ohne verlässliche Zahlen können wir das Problem nicht in seinem ganzen Ausmaß benennen. Wir brauchen Daten, um Islamophobie zu bekämpfen", erklärt Imane El Morabet. Bei Unia gibt es deswegen einen festen Ansprechpartner für das CCIB. Daneben hat die Gleichstellungsstelle informelle Kontakte zu weiteren NGOs wie zu Baas over Eigen Hoofd („Herr über meinen Kopf"), einer feministischen Organisation, die die Meinung vertritt, Frauen sollten selbst entscheiden, ob sie ein Kopftuch tragen oder nicht. Allerdings stößt Unia als öffentliche Einrichtung auch hier teilweise auf Misstrauen. „Mehr Raum für Austausch schaffen die Open Society Foundations", meint Imane El Morabet. „Dort versuchen wir klar zu machen, dass die Gleichstellungsstelle kein Gegner ist. Wir arbeiten anders als NGOs, wir stimmen nicht in allen Punkten überein. Dennoch sollten wir uns austauschen."

In Frankreich ist das Verhältnis zwischen Staat und zivilgesellschaftlichen Trägern im Bereich Muslimfeindlichkeit „extrem schwierig", wie Isis Koral meint. Um seine Unabhängigkeit zu bewahren, nimmt das CCIF keine öffentlichen Gelder in Anspruch. „Täten wir dies, hätte das Einfluss darauf, wie wir mit der Diskriminierung von Musliminnen und Muslimen durch die Verwaltung umgehen", meint Isis Koral. Mit Blick auf andere NGOs betont sie: „Es muss Allianzen geben. Muslimfeindlichkeit geht uns alle an, es ist eine Frage der Menschenrechte. Deswegen ist das CCIF offen für die Zusammenarbeit mit allen, die sich für Menschenrechte einsetzen." Besonders eng ist der Austausch mit Lallab, einer feministischen Organisation, die sich mit dem Bild der muslimischen Frauen befasst.

Dr. Christiane Fritsche

Abbildung 14: Dr. Ariadna Solé Arraràs, Isis Koral, Tanja Berg, Nina Mühe und Rena Zetzsche

Um zu erfassen, was in anderen europäischen Ländern passiert, baut das CCIF darüber hinaus auch international Koalitionen und Netzwerke auf. Denn Isis Koral ist überzeugt:

> „Wir können von anderen Ländern lernen und umgekehrt können andere Länder von uns lernen. Als eine der ältesten Organisationen in Europa, die Islamophobie bekämpfen, hat das CCIF langjährige Erfahrungen, wie man Daten sammelt und mit Opfern umgeht. Wir wissen, was die beste Strategie ist, um ihnen zu helfen."

Die spanische NGO SAFI setzt ebenfalls auf Vernetzung. Die Organisation ist der Meinung, dass bei der Bekämpfung von Islamophobie verschiedene Akteure sowohl aus der Verwaltung als auch aus der Zivilgesellschaft an einem Strang ziehen müssen. „Wir tauschen uns mit öffentlichen Institutionen wie mit der Antidiskriminierungsstelle in Barcelona aus. Daneben lassen wir der Staatsanwaltschaft der Provinz Barcelona die Fälle zukommen, von denen wir erfahren", berichtet Dr. Ariadna Solé Arraràs. Allerdings stellt SAFI große Unterschiede zwischen den Verwaltungsebenen fest: Während der Stadtrat von Barcelona in Zusammenarbeit mit verschiedenen zivilgesellschaftlichen Organisationen zahlreiche Aktionen gegen Muslimfeindlichkeit durchführe, sei die katalanische Regierung zögerlicher und bekämpfe Muslimfeindlichkeit v. a. im Kontext von Extremismusprävention. Zudem spreche die für religiöse Angelegenheiten zuständige Behörde in Katalonien nur ungern von Islamophobie. „Die spanische Nationalregierung schließlich negiert das Phänomen komplett und macht deswegen gar nichts. Der frühere Premierminister Mariano Rajoy bestritt sogar öffentlich, dass es in Spanien überhaupt Muslimfeindlichkeit gibt", so Dr. Ariadna Solé Arraràs.

Neben dem Austausch mit staatlichen Stellen ist SAFI die Zusammenarbeit mit anderen NGOs wichtig. „Wir wollen uns vernetzen und suchen nach Partnern", betont Dr. Ariadna Solé Arraràs. Dabei gibt es für den Kampf gegen Muslimfeindlichkeit eine breite zivilgesellschaftliche Basis. Dr. Ariadna Solé Arraràs berichtet:

> „Ursprünglich gingen die Initiativen gegen Islamophobie nicht von muslimischen Organisationen aus, sondern von der Unidad Contra el Fascismo y el Racismo. In Madrid und Valencia wurde die Plataforma Ciudadana contra la Islamofobia gegründet. Diese Initiative geht von dem Movimiento contra la Intolerancia aus."

SAFI arbeitet bisher mit SOS Racisme in Barcelona sowie Organisationen aus den Bereichen Migration, Antidiskriminierung, Feminismus und Menschenrechte zusammen.

Abbildung 15: Nina Mühe

CLAIM beobachtet, dass in Deutschland nicht zuletzt durch das Bundesprogramm „Demokratie leben!" staatliche Institutionen dem Thema Muslimfeindlichkeit inzwischen mehr Aufmerksamkeit als noch vor ein paar Jahren widmen und zivilgesellschaftlichen Initiativen beim Kampf gegen Islamophobie stärker zur Seite stehen. „Trotzdem brauchen die zivilgesellschaftlichen Akteure, die gegen Islam- und Muslimfeindlichkeit arbeiten, noch sehr viel mehr Unterstützung, zumindest temporär", meint Nina

Mühe. Gleichzeitig sei Deutschland noch weit von einer engen Zusammenarbeit zwischen Behörden und NGOs entfernt wie es sie beispielsweise in Großbritannien zwischen Polizei und Tell MAMA gibt.

3.3. „Wenn wir ihre Herzen öffnen". Erste Erfolge

Für Imane El Morabet bemisst sich der Erfolg von Unia in der Zugänglichkeit der Gleichstellungsstelle, also darin, dass die Betroffenen möglichst leicht eine Beschwerde einreichen können. Ein Erfolg ist für sie auch, wenn ein von Unia eingeleitetes Gerichtsverfahren zu einem positiven Ergebnis für die Betroffenen führt. Daneben betont Imane El Morabet:

> „Die Opfer von Diskriminierung sind sehr verletzlich. Unia kann keine Therapie anbieten. Aber die Tatsache, dass sich die Betroffenen gegen die Diskriminierung wehren, macht sie stärker. Sie tauschen sich aus, unterstützen vielleicht andere Opfer und bekommen wieder Selbstvertrauen. Auch das ist ein Erfolg."

Für das CCIF sind gute Ergebnisse bei der Mediation der größte Erfolg. Daneben hält es Isis Koral für positiv, dass ihre Organisation Islamophobie in Frankreich mit Zahlen belegen kann. „Wenn man Daten, Statistiken und aktuelle Fälle von Muslimfeindlichkeit präsentieren kann, ist es schwerer zu bestreiten, dass es Islamophobie gibt", betont sie. Dass sich auch internationale Organisationen auf die CCIF-Daten berufen, ist für sie besonders wichtig und legitimiert die Arbeit der NGO auf einer ganz anderen Ebene.

Auch SAFI hat in seiner kurzen Geschichte bereits erste Erfolge verbucht. Die Initiative ist heute eine feste Größe im Kampf gegen Muslimfeindlichkeit in Katalonien, meint Dr. Ariadna Solé Arraràs. Besonders erfolgreich ist die Zusammenarbeit mit der Verwaltung in Barcelona beim Maßnahmenplan gegen Islamophobie. „Am effektivsten sind die Trainings für Sozialarbeiterinnen und Sozialarbeiter sowie für Lehrerinnen und Lehrer, denn sie können unsere Botschaft besonders gut weitergeben", so Dr. Ariadna Solé Arraràs.

Nina Mühe zieht für CLAIM ebenfalls eine positive Bilanz: „Das Netzwerk ist per se ein Erfolg. Dass so viele unterschiedliche Organisationen Teil der Allianz geworden sind und dass nun auch die inhaltliche Zusammenarbeit anläuft, bewerten wir als äußerst positiv." Daneben ist es CLAIM gelungen, das Thema Islamfeindlichkeit sowie die Arbeit des Netzwerks in zentralen Medien zu platzieren und in den sozialen Medien Diskussionen anzustoßen. Und schließlich hat CLAIM im November 2018 gemeinsam mit der Arbeitsgemeinschaft der Evangelischen Jugend in Deutschland die Fachtagung „Mittendrin und nicht dabei? Perspektiven auf die Partizipation islamischer Interessensorganisationen" veranstaltet, die von Bundesfamilienministerin Dr. Franziska Giffey eröffnet wurde. „Das gab der Veranstaltung eine politische Relevanz und ist ein weiterer Erfolg unserer Bemühungen, ein Bewusstsein für Islamfeindlichkeit zu schaffen", meint Nina Mühe.

Auch Rena Zetzsche ist mit den WIR HIER!-Workshops zufrieden und hält das Konzept für gelungen: „Die Verbindung von Kunst und Kultur sowie politischer Bildung ist ein großartiger Weg, um mit Jugendlichen ins Gespräch zu kommen – unabhängig davon, ob sie Migrationshintergrund haben oder nicht. So gesehen ließe sich das Projekt gut in andere Kontexte übertragen." Immer wieder erzählen Teilnehmende, dass sie durch die Begegnung mit Musliminnen und Muslimen in den Workshops ihre Vorurteile kritisch hinterfragt haben und dass ihnen bewusst geworden ist, wie wichtig die Auseinandersetzung mit Muslimfeindlichkeit ist. Außerdem nehmen viele Jugendliche die Erfahrungen mit in ihr soziales Umfeld. Rena Zetzsche hebt hervor:

> „Es sind also viele kleine Erfolge, die unsere Arbeit ausmachen. Für uns ist es ein Erfolg, wenn wir merken, dass wir die Jugendlichen erreicht haben, wenn wir ihre Herzen öffnen und wenn sie vielleicht sogar in Zukunft solidarisch sind, wenn sie mitbekommen, dass eine Muslimin oder ein Muslim in ihrem Umfeld diskriminiert wird."

Dafür bekommt sie viel Zustimmung. Denn auch den anderen Expertinnen, die in Workshops und Trainings gegen Islamophobie arbeiten, ist es am wichtigsten, dass sie in Köpfen und Herzen Veränderungen anstoßen.

Abbildungsverzeichnis

ABBILDUNG 1: DR. ARIADNA SOLÉ ARRARÀS, DR. ALEKSANDRA LEWICKI, JULIE PASCOËT, ISIS KORAL, ĐERMANA ŠETA, IMANE EL MORABET, RENA ZETZSCHE, DR. JANINE ZIEGLER, TANJA BERG UND NINA MÜHE 7

ABBILDUNG 2: DR. HEIKO GEUE 10

ABBILDUNG 3: DR. CHRISTIAN PFEFFER-HOFFMANN 11

ABBILDUNG 4: DR. JANINE ZIEGLER 13

ABBILDUNG 5: DR. YASEMIN SHOOMAN 17

ABBILDUNG 6: TANJA BERG UND DR. YASEMIN SHOOMAN 24

ABBILDUNG 7: DR. ALEKSANDRA LEWICKI 41

ABBILDUNG 8: JULIE PASCOËT 53

ABBILDUNG 9: RENA ZETZSCHE 63

ABBILDUNG 10: ISIS KORAL 66

ABBILDUNG 11: IMANE EL MORABET 69

ABBILDUNG 12: DR. ARIADNA SOLÉ ARRARÀS 76

ABBILDUNG 13: NINA MÜHE 78

ABBILDUNG 14: DR. ARIADNA SOLÉ ARRARÀS, ISIS KORAL, TANJA BERG, NINA MÜHE UND RENA ZETZSCHE 84

ABBILDUNG 15: NINA MÜHE 85

Verzeichnis der Grafiken

GRAFIK 1: ISLAMFEINDLICHKEIT 19

GRAFIK 2: SEXISMUS 19

GRAFIK 3: DAS „RASSISMUS-DREIECK" 30

GRAFIK 4: ÜBERLEGENHEIT DER EIGENEN KULTUR 36

GRAFIK 5: NEUE FAMILIENMITGLIEDER 36

GRAFIK 6: FREMD IM EIGENEN LAND 37

GRAFIK 7: ÜBERSCHÄTZUNG DES ANTEILS AN MUSLIMINNEN UND MUSLIMEN 38

GRAFIK 8: ZUWANDERUNGSVERBOT FÜR MUSLIMINNEN UND MUSLIME 38

GRAFIK 9: ZUWANDERUNGSSTOPP FÜR MUSLIMINNEN UND MUSLIME 39

GRAFIK 10: RASSISTISCH ODER RELIGIÖS MOTIVIERTE GEWALTTATEN IN GROSSBRITANNIEN ZWISCHEN JULI 2014 UND MÄRZ 2017 43

Mitwirkende

Tanja Berg ist Politikwissenschaftlerin und arbeitet seit vielen Jahren an der Schnittstelle zwischen Politischer Bildung und Forschung. Ihre Schwerpunkte liegen dabei besonders in den Bereichen Demokratieentwicklung, Gender, Diversity und Arbeit gegen Rassismen und Antisemitismus. Bei Minor leitet sie seit 2016 die Projekt „Perspektive Teilhabe – Unterstützung von Ehrenamtlichen in der Flüchtlingsarbeit" und „Gesellschaft gemeinsam gestalten – Partizipation von Geflüchteten und Unterstützerinnen und Unterstützern im Netz stärken".

Imane El Morabet hat an der Universität Antwerpen Jura studiert und an der Universität Brüssel einen Master in internationalem und europäischem Recht erworben. Seit 2010 ist sie Rechtsberaterin bei Unia, dem Interföderalen Zentrum für Chancengleichheit in Belgien. Ihre Schwerpunkte sind Diskriminierung aus religiösen Gründen sowie Diskriminierung am Arbeitsplatz.

Christiane Fritsche ist promovierte Historikerin und freiberufliche Autorin. Neben Fachveröffentlichungen zum Dritten Reich hat sie zahlreiche Unternehmensgeschichten geschrieben, u. a. die Geschichte des Duisburger Hafens.

Isis Koral hat in Paris französisches und amerikanisches Recht studiert. Sie arbeitet in der Pariser Kanzlei Adema Avocats. Daneben ist sie Koordinatorin für internationale Beziehungen beim Collectif Contre l'Islamophobie en France (CCIF).

Aleksandra Lewicki ist politische Soziologin. Sie promovierte an der University of Bristol und lehrt derzeit als Juniorprofessorin am Soziologischen Institut der University of Sussex. Sie forscht zu strukturellen Asymmetrien in post-migrantischen Gesellschaften und widmet sich insbesondere institutioneller Diskriminierung und Gleichbehandlungspolitiken. Daneben interessiert Dr. Aleksandra Lewicki, wie sich Spielarten des Rassismus, etwa Orientalismus und antimuslimischer Rassismus, in der Funktionsweise öffentlicher Einrichtungen fortschreiben.

Die Ethnologin *Nina Mühe* hat die Studie „Muslime in Berlin" für das Open Society Institute verfasst und war wissenschaftliche Mitarbeiterin im Forschungsprojekt „ACCEPT Pluralism" an der Europa Universität Viadrina. Zuletzt bei der Kreuzberger Initiative gegen Antisemitismus e.V. (KIGA) bildete sie muslimische Jugendliche zu Peer Educators aus. Seit 2017 leitet Nina Mühe CLAIM – Allianz gegen Islam- und Muslimfeindlichkeit.

Julie Pascoët hat einen Master in European and International Affairs von der Universität Paris VIII. Seit 2000 arbeitet sie für das European Network Against Racism (ENAR), inzwischen als Senior Advocacy Officer. Bei ENAR hat sie u. a. das auf zwei Jahre angelegte Projekt „Forgotten women: the impact of islamophobia on Muslim women" geleitet.

Christian Pfeffer-Hoffmann ist promovierter Medienpädagoge und Leiter von Minor – Projektkontor für Bildung und Forschung. Sein Arbeitsfeld umfasst u. a. Modell- und Forschungsprojekte in den Kontexten Migration, berufliche, politische und Medienbildung sowie Fachkräftesicherung.

Die promovierte Historikerin *Yasemin Shooman* leitet die Akademieprogramme des Jüdischen Museums Berlin und ist dort für das Jüdisch-Islamische Forum sowie die Programme Migration & Diversität verantwortlich. Sie ist Mitglied im Rat für Migration und des Historischen Beirats beim Senator für Kultur und Europa. Zu ihren Schwerpunkten gehören Rassismus, Islamfeindlichkeit, Antisemitismus und jüdisch-muslimische Beziehungen in Geschichte und Gegenwart.

Ariadna Solé Arraràs ist promovierte Sozialanthropologin und arbeitet als Dozentin an der Universitat Oberta de Catalunya in Barcelona. Sie erforscht muslimische Rituale in Spanien sowie islamophobe Praktiken und Diskurse in Barcelona. Dr. Ariadna Solé Arraràs ist Mitautorin des Berichts „La pràctica religiosa de les comunitats musulmanes de Barcelona. Expressions i Problemàtiques" und gehört der NGO Stop als Fenòmens Islamòfobs (SAFI) an.

Die Betriebswirtin *Rena Zetzsche* war lange Zeit als Projektleiterin im Medienbereich tätig. Seit 2015 arbeitet sie bei der spanischen Migrantenselbstorganisation La Red und leitet dort u. a. das „Projekt WIR HIER! Kein Platz für Muslimfeindlichkeit in Europa – Migrantenorganisationen im Dialog".

Die promovierte Politikwissenschaftlerin *Janine Ziegler* arbeitet bei Minor als wissenschaftliche Mitarbeiterin in den Forschungsprojekten „WIR HIER! Kein Platz für Muslimfeindlichkeit in Europa – Migrantenorganisationen im Dialog", „Women's Science – Situationen, Bedarfe und Visionen geflüchteter Frauen" sowie in der IQ Fachstelle Einwanderung.